Marke neu denken

Erich Posselt
(Hrsg.)

Marke neu denken

Paradigmenwechsel in der Markenführung

Herausgeber
Erich Posselt
Erich Posselt Brand Coach
Frankfurt am Main
Deutschland

ISBN 978-3-658-11094-9   ISBN 978-3-658-11095-6 (eBook)
DOI 10.1007/978-3-658-11095-6

Die Deutsche Nationalbibliothek verzeichnet diese Publikation in der Deutschen Nationalbibliografie; detaillierte bibliografische Daten sind im Internet über http://dnb.d-nb.de abrufbar.

Springer Gabler
© Springer Fachmedien Wiesbaden 2016
Das Werk einschließlich aller seiner Teile ist urheberrechtlich geschützt. Jede Verwertung, die nicht ausdrücklich vom Urheberrechtsgesetz zugelassen ist, bedarf der vorherigen Zustimmung des Verlags. Das gilt insbesondere für Vervielfältigungen, Bearbeitungen, Übersetzungen, Mikroverfilmungen und die Einspeicherung und Verarbeitung in elektronischen Systemen.
Die Wiedergabe von Gebrauchsnamen, Handelsnamen, Warenbezeichnungen usw. in diesem Werk berechtigt auch ohne besondere Kennzeichnung nicht zu der Annahme, dass solche Namen im Sinne der Warenzeichen- und Markenschutz-Gesetzgebung als frei zu betrachten wären und daher von jedermann benutzt werden dürften.
Der Verlag, die Autoren und die Herausgeber gehen davon aus, dass die Angaben und Informationen in diesem Werk zum Zeitpunkt der Veröffentlichung vollständig und korrekt sind. Weder der Verlag noch die Autoren oder die Herausgeber übernehmen, ausdrücklich oder implizit, Gewähr für den Inhalt des Werkes, etwaige Fehler oder Äußerungen.

Gedruckt auf säurefreiem und chlorfrei gebleichtem Papier

Springer Fachmedien Wiesbaden ist Teil der Fachverlagsgruppe Springer Science+Business Media
(www.springer.com)

Für meine wundervolle Frau Christina, die mich immer wieder motiviert und inspiriert hat.
Für meine Kinder Rosa Roxy, Milou Sophie und Johann Carl, deren Neugier und Unvoreingenommenheit mir stets ein Vorbild sind.
In Gedenken an Peter Zernisch

Vorwort

Der Tanz um die Marke hat ein hohes Tempo erreicht, und es scheint, als ob die Tänzer von ihrer Entdeckung ahnungsvoll berauscht wären.[1] Peter Zernisch

Seit mehr als vierzig Jahren konsumiere, erlebe und interessiere ich mich für Marken. Kettcar, Lego Matchbox und Geha begleiteten meine Kindheit. Boss, Bianchi und später Commodore wurden als Helden meiner Jugend im jungen Erwachsenenalter schnell durch Becks, Apple, BMW und Montblanc abgelöst. So ging das weiter bis zu dem kürzlich gescheiterten Versuch, in einem Markentagebuch alle Marken festzuhalten, die mich umgeben und die ich benutze. Die Myriaden von Marken in allen Produkt- und Lebensbereichen sind nicht mehr zu überschauen. Trotzdem leidet die Faszination, die Marken auf mich ausüben, keinesfalls.

Mehr und mehr bewegt mich der Unmut darüber, dass Marke zunehmend ein technokratisches Instrument der Betriebswirtschaft zu werden droht. Immer messbarer und transparenter soll die Markenführung werden. Nicht, dass das nicht wichtig wäre. Doch es scheint, als geriete dadurch eine wesentliche andere Komponente der Marke in Vergessenheit: die schöpferische Idee zum Wohle aller. Die Marke als Leuchtturm, als Monstranz der Eitelkeit, wird mir zunehmend suspekt.

Marken sind meiner Meinung nach Wesen, die in unsere Kultur eingebettet sind und weit über den Verkaufsprozess hinaus wirken. Manchmal machen sie, was ihre Halter – die markenführenden Unternehmen – von ihnen erwarten, andere Male sind sie zickig und eigensinnig. Sie sind zudem paradox, denn dort, wo sie verbinden, grenzen sie gleichzeitig aus. Sie existieren in Zeichen, Worten, Bildern und Produkten. Sie sind da und doch nicht greifbar. Sie faszinieren und irritieren uns. Wir brauchen sie und wir versuchen, auf sie zu verzichten.

Indem Menschen Marken wie selbstverständlich in ihre Lebenswelt aufnehmen, verändern sie diese. In welchem Umfeld das stattfindet, was es konkret für

---

[1] Peter Zernisch, Markenglauben managen – Eine Markenstrategie für Unternehmer, Wiley-VCH Verlag, Weinheim, 2003, S. 13.

Unternehmen, Marketing und Markenführung bedeutet und welche weiteren Beispiele und Sichtweisen es dazu gibt, ist Gegenstand dieses Buches. Ich möchte damit für Vorgänge außerhalb der quantitativen, eindimensionalen Betrachtungsweise von Marken sensibilisieren. Mein Ziel ist ein Beitrag zu einer erweiterten Verantwortung von Marken, deren primäres Ziel nicht mehr nur das Preispremium, sondern die Verbesserung der Lebensqualität für alle ist. Marken können dazu einen Beitrag leisten.

Mein Dank gilt an dieser Stelle den Menschen, die mich auf diesem Weg begleitet haben. Allen voran Manfred Luckas, ohne dessen engagiertes Recherchieren, Texten und Feilen das Buch nie fertig geworden wäre. Über die Arbeit ist eine wertvolle Freundschaft entstanden. Viele der im Buch beschriebenen Beispiele und viele Erkenntnisse über Aneignung, entstammen der gemeinsamen Arbeit mit Peter Sumerauer. Er hat mir Domizlaff näher gebracht. Daraus entstanden sind unzählige Diskussionen über aktuelle Markenthemen. Mein Dank gilt auch Peter Zernisch. Er hat mir Mut gemacht, diesen Weg zu gehen. Er gab mir wertvolle Einblicke und Weisheiten mit auf den Weg, die mich noch heute begleiten. Ich bedanke mich auch ganz besonders bei unseren Autoren. Ihre Offenheit und Bereitschaft, an dieser Stelle mitzuwirken, war ungeheuer wertvoll. Ihre Beiträge sind die wichtigste Bereicherung des Themas. Dem Leser schließlich wünsche ich viele erhellende Momente und viel Freude beim Lesen.

Erich Posselt
Frankfurt/Main, Oktober 2015

Einleitung

Das Thema Marke gewinnt weiter an Popularität. Wissenschaft und Beratung produzieren ständig neue Forschungsergebnisse und Instrumente der Operationalisierung. Allein in der Wissenschaft (Stand 2013) existieren zur Zeit 88 verschiedene Markenführungsinstrumente.[2] Die Stichwortsuche „Marke" bei einem großen Onlinehändler liefert über 6000 deutschsprachige Buchtitel.[3] Das Spektrum reicht von Erfolgsfaktoren der Marke, über die Dokumentation einzelner Markenerfolgsgeschichten, bis hin zu Markenführungsstrategien und -taktiken für fast jedes Geschäftsfeld.

Der Kern der meisten Thesen geht von der Alleinstellung als Ausgangspunkt aus. Marken seien wie Leuchttürme heißt es dann. Sie stehen für etwas, an einem bestimmten Platz, an dem sie Orientierung liefern. Von diesem Platz aus erstreckt sich das ausgesendete Licht in die immer entlegeneren Lebenswelten der Konsumenten. Mehr Energie bedeutet dabei mehr Strahlkraft und am Ende mehr Gewinn. Ein scheinbar statisches, endlos skalierbares, logisches Input-Output-System.

Viele der Markenführungsstrategien und -modelle werden folglich aus einem vorwiegend betriebswirtschaftlichen, kennzahlenorientierten Blickwinkel entwickelt. Das ist insofern nachvollziehbar, als eine auf quantitativen Messgrößen angelegte Wirtschaft dankbar ist für jedes weitere, absatzfördernde Instrument. Das (Marken-)Produkt wird als rein ökonomische Wertschöpfungskette betrachtet. Zwar werden in der Vermarktung auch die Konsumenten in die Modelle mit einbezogen – jedoch meist auf ihre Funktion als Käufer reduziert. Meine These ist, dass diese kulturelle Blindheit das Verstehen der Aneignung von Marken verhindert und Veränderungen in Gesellschaft, Wirtschaft und Kultur ignoriert. Marken kommt in

---

[2] https://www.buero-fuer-markenentwicklung.com/markenberatung-2015-wie-sich-eine-branche-selbst-zerlegt/ (Stand: 14.09.15).
[3] http://www.amazon.de/s/ref=sr_pg_2?rh=n%3A186606%2Ck%3AMarke&page=2&keywords=Marke&ie=UTF8&qid=1442222801 (Suche durchgeführt: 14.09.15).

der Konsumkultur meiner Meinung nach eine reichhaltige Bedeutung und erweiterte Verantwortung zu.

Unabhängig davon, dass Unternehmen mit ihren Marken Vorstellungen und Zuschreibungen durch Bilder und Images vermitteln, werden Marken vom Publikum nämlich nicht nur gekauft, sondern neu interpretiert und für eigennützige Motive benutzt. Sie werden mit eigenen Wertvorstellungen abgeglichen bzw. liefern dafür die Vorlage. Dies geschieht zum Beispiel, um sich in Beziehung zur Marke zu setzen oder um sich mithilfe der Marke Status, Identität und neue Blickwinkel auf die (Konsum-)Welt zu eröffnen. Dort, wo der Wille des Produzenten auf die Autonomie des Konsumenten trifft, entstehen Verhandlungsspielräume. Finden dort Zuschreibungen statt, die der Marke zuträglich sind oder die sie erheblich schwächen können? Werden die Werte und Kontexte der Marke zerstört, nur um sie im nächsten Moment – möglicherweise als Metapher – wieder aufzugreifen? Verliert das markenführende Unternehmen damit zwangsweise die Kontrolle über Inhalt und Intention der eigenen Marke?

Wird die Konsumkultur von Amateuren beherrscht, die ihr eigenes Narrativ entwickeln, oder gelingt es der Markenführung rechtzeitig, Aneignungsflächen zu schaffen? Wie finden Unternehmen Hinweise auf relevante Verhandlungsspielräume? Oder ist die Aufregung am Ende umsonst, weil einzelne Konsumenten gar nicht die Möglichkeit haben, die Marke dauerhaft zu beeinflussen? Ist die Markenführung durch Unternehmen dem Aneignungsbestreben der Konsumenten immer einen Schritt voraus?

Ziel dieses Buches ist eine Reise zu möglichen Antworten und neuen Perspektiven. Im ersten Kapitel wird erläutert, was den Wandel kennzeichnet und welche Auswirkungen er auf Konsum und Konsument hat. Das zweite Kapitel widmet sich Fallbeispielen der Aneignung. Sie zeigen, dass Aneignung verletzend wirken, aber auch ein wichtiger Motor für Innovation sein kann. Die Fachbeiträge des dritten Abschnitts laden ein, das Wesen der Aneignung aus verschiedenen Blickwinkeln zu erfahren. Am Ende des Buches steht die Forderung nach einer Reform der Markenführung.

Inhaltsverzeichnis

1 **Was das Markenumfeld verändert**........................... 1
  Erich Posselt

2 **Fallbeispiele** 23
  Erich Posselt und Manfred Luckas

3 **Marke neu denken: Vom Leuchtturm zum Lagerfeuer**............ 47
  Hans-Peter Hahn, Manfred Luckas, Jürgen Schulz, Robert Caspar
  Müller, Wolfgang Ullrich, Tobias Langner, Malte Christ, Alexander
  Fischer, Daniel Bruns, Rupert Hofmann, Jan Drengner
  und Erich Posselt

4 **Resümee und Ausblick**...................................... 127
  Erich Posselt

Mitarbeiterverzeichnis

Daniel Bruns Schumpeter School of Business and Economics, Bergische Universität Wuppertal, Wuppertal, Deutschland

Malte Christ Audi Business Innovation GmbH, München, Deutschland

Jan Drengner Fachbereich Touristik/Verkehrswesen, Hochschule Worms, Worms, Deutschland

Alexander Fischer Schumpeter School of Business and Economics, Bergische Universität Wuppertal, Wuppertal, Deutschland

Hans-Peter Hahn Institut für Ethnologie, Goethe-Universität Frankfurt, Frankfurt am Main, Deutschland

Rupert Hofmann Audi Business Innovation GmbH, München, Deutschland

Tobias Langner Schumpeter School of Business and Economics, Bergische Universität Wuppertal, Wuppertal, Deutschland

Manfred Luckas Köln, Deutschland

Robert Caspar Müller Institut für Theorie und Praxis der Kommunikation, Universität der Künste Berlin, Berlin, Deutschland

Erich Posselt Erich Posselt Brand Coach, Frankfurt am Main, Deutschland

Jürgen Schulz Institut für Theorie und Praxis der Kommunikation, Universität der Künste Berlin, Berlin, Deutschland

Wolfgang Ullrich Staatliche Hochschule für Gestaltung Karlsruhe, Karlsruhe, Deutschland

Der Herausgeber

Erich Posselt hat die Marke zum zentralen Thema seiner Arbeit gemacht. Er beobachtet, berät, lehrt und lernt Marke. Er packt im Unternehmen dort an, wo Marke verstanden und behandelt werden will. Dabei hält er sich von allzu engen Schubladen fern, forscht nach den immanenten Wertvorstellungen einer Marke und überführt sie in eine präzise, zeitgemäße und situative Interpretation. Sein Wissen bezieht er aus fundierten theoretischen und praktischen Kenntnissen. Seine Studien führten ihn von der Betriebswirtschaft, dem Marketing und Vertrieb über die Kommunikation hin zur direkten menschlichen Interaktion im Coaching. Seit mehr als 15 Jahren berät und unterstützt er nationale und internationale Unternehmen in Fragen der Markenführung, der Kommunikation sowie der Design-Strategie.

Was das Markenumfeld verändert

Erich Posselt

Inhaltsverzeichnis

1.1	Wandel	1
	1.1.1 Sharing Economy	3
	1.1.2 Cult of Less	4
	1.1.3 Heritage	5
1.2	Vom Konsum zur Konsumkultur	7
1.3	Der „neue Konsument" – Vom Verbraucher zum Gestalter	11
1.4	Die Aneignung – Motor für die Veränderung	14
	1.4.1 Der Begriff der Aneignung – Genese und Geschichte	14
	1.4.2 Die Praxis der Aneignung – Modell der sozio-kulturellen Verhandlung	16
Literatur		19

1.1 Wandel

Ich kann freilich nicht sagen, ob es besser wird, wenn es anders wird, aber soviel kann ich sagen: Es muß anders werden, wenn es gut werden soll. (Georg Christoph Lichtenberg)

Als Vertreter der Aufklärung weiß Lichtenberg so einiges darüber, was im Deutschland des 18. Jahrhunderts anders werden muss. Da er den Mut hat, sich seines eige-

---

E. Posselt (✉)
Erich Posselt Brand Coach, Frankfurt am Main, Deutschland
E-Mail: erichposselt@brandcoach.com

© Springer Fachmedien Wiesbaden 2016
E. Posselt (Hrsg.), *Marke neu denken*, DOI 10.1007/978-3-658-11095-6_1

nen Verstandes zu bedienen, ist er offen für alles Neue und gegen das Eingefahrene und Eindimensionale. Enzyklopädisch interessiert, sieht er keinen Widerspruch darin, gleichzeitig Schriftsteller, Mathematiker und Experimentalphysiker zu sein. Ohne diesen ganzheitlichen Blick auf die Welt und den Menschen, lange Zeit vernachlässigt und auf das Zerrbild des Homo oeconomicus verengt, wird es wohl auch heute nicht gehen, wenn es besser werden soll.

Dass es besser werden muss, steht nicht nur für Ervin Lazlo fest. Der Doyen der Zukunftsforschung und Begründer des Club of Budapest konstatiert in seinem Buch Macroshift die Entwicklung vom Logos zum Holos, also einer ganzheitlichen Welt, die auf Sozialverantwortlichkeit, neuen Werten und der „Renaissance des Gemeinsinns" (Lazlo 2003, S. 187) beruht. Um diese Art des Wandels zu realisieren, müssen wir uns, so Lazlo, von fünf schädlichen Mythen trennen: „Die Natur ist unerschöpflich", „Die Natur ist ein gigantischer Mechanismus", „Das Leben ist ein Kampf ums Überleben", „Der Markt nutzt allen" und „Je mehr wir konsumieren, desto besser sind wir" (Lazlo 2003, S. ?).

Zum einen wären wir gut beraten, persönliche Verhaltensweisen zu unserem eigenen Wohl und dem des Gemeinwesens zu ändern, zum anderen sollten die kollektiven Zielvorgaben der extensiven Evolution – Eroberung, Kolonialisierung und Konsum – in Richtung einer intensiven Evolution durch die Attribute Verbindung, Kommunikation und Bewusstsein ersetzt werden.

Ervin Lazlo publiziert die Möglichkeit des großen Wandels, den Macroshift, im Jahr 2003 und lässt noch im selben Jahr You Can Change the World folgen. Die eigentliche Karriere des Wortes Change beginnt jedoch 2008 mit Barack Obamas berühmter Rede anlässlich seiner Wahl zum amerikanischen Präsidenten. „Change has come" ist dabei nicht nur ähnlich umfassend intendiert und transzendiert – genau wie bei Lazlo – das Politische, sondern wird in kürzester Zeit auch zu einer stehenden Redewendung.

Die gesteigerte Präsenz des Wandels und seines angelsächsischen Bruders in der medialen Öffentlichkeit ist auffällig. Dabei zerfällt der Begriff nicht selten in Fragmente wie demografischen, gesellschaftlichen und sozialen, aber auch in Mentalitäts-, Werte- und Kulturwandel. Dies birgt die Gefahr in sich, dass der notwendige Diskurs über die Dinge, die sich ändern müssen, diffus und ubiquitär bzw. zur Phrase wird.

Ähnlich sieht es Björn Finke in der Online-Ausgabe der Süddeutschen Zeitung vom 13.4. 2014: „Es ist logisch, dass sich Bankmanager mehr Vertrauen ihrer Kunden wünschen". Aber das süße Gerede vom Kulturwandel ist gefährlich, denn es könnte Bürger, Regierungen und Aufseher einlullen: „Seht her, wir haben aus den Fehlern der Vergangenheit gelernt" – das ist die Botschaft aus den Chefetagen der gläsernen Bankentürme. „Wir haben uns geändert, wir tragen selbst dafür Sorge, dass sich so etwas wie die Finanzkrise nicht wiederholt. Man kann uns wieder vertrauen." Dagegen sprechen die aktuellen Finanzzahlen. Während die Weltwirtschaft gerade einmal um 2–3 % wächst, legen die Börsen der Welt im zweistelligen Bereich zu. Nach wie vor sind also die „reale Wirtschaft" und die „Finanzwirtschaft" weit voneinander entfernt.

Wer den Wandel postuliert, muss ihn also glaubwürdig und aufrichtig wollen, gepaart mit der Bereitschaft, den oft harschen Konsequenzen von Veränderungen und Umbrüchen ins Auge zu sehen. Dies erfordert Haltung und ein ethisches Fundament, auf dem sich soziale Dividende und ideelle Wertschöpfung als wesentliche Faktoren der Postwachstumsökonomie entwickeln können.

Dass die Wirtschaft nicht wachsen muss, beginnt sich erst langsam in den Köpfen festzusetzen. Damit geht die Einsicht einher, dass das Glücksversprechen immerwährender Wohlstandsvermehrung nicht mehr eingelöst werden kann. Wie Meinhard Miegel 2010 in seinem Wohlstand ohne Wachstum prognostiziert, wird der Wohlstand des 21. Jahrhunderts ein anderer und in höherem Maße immateriell sein. Er wird auf anderen Menschen fußen, die anders leben und anders konsumieren.

Schon seit einigen Jahren ist zu erkennen, dass auch jenseits von Nischenkulturen und Selbstmarginalisierungstendenzen das Credo permanenter Beschleunigung zugunsten nachhaltiger Produktions- und Lebensentwürfe in Frage gestellt wird. Hier wird ein Überdruss am Zuviel, am zu Schlecht und am zu Beliebig offenkundig.

Dieser Überdruss manifestiert sich einerseits im Kontext des sogenannten Social Designs – hier lauten die Stichworte Sharing Economy und Cult of Less – andererseits aber auch in der Rückbesinnung auf Traditionen und traditionelle Werte, wie sie dem Begriff Heritage innewohnen.

1.1.1 Sharing Economy

Der Sharing Economy liegt nicht nur ein genereller Überdruss am Überfluss zugrunde, sondern auch ein konkreter am Eigentum, das im 21. Jahrhundert immer weniger zu verpflichten und immer mehr zu belasten scheint. Stattdessen akzentuiert die Postwachstumsökonomie das kollaborative Konsumieren. Warum ständig alles kaufen und Besitztümer anhäufen, wenn man durch Teilen, Tauschen und Verleihen finanzielle Mittel und Ressourcen schonen und neue Wege der Wertschöpfung generieren kann?

Als Vater der Sharing Economy gilt der US-amerikanische Soziologe und Ökonom Jeremy Rifkin mit seinem im Jahr 2000 erschienenen Buch The Age of Access

– The New Culture of Hypercapitalism. Wie der Titel explizit formuliert, geht es Rifkin nicht um eine Sozialutopie im Sinne einer weltverbesserischen Verzichtethik, sondern darum, einer rein wachstumsfixierten Wirtschaft den Weg aus der Sackgasse zu weisen. In einem kognitiven Kapitalismus, so Rifkin, ist es wichtiger, etwas nutzen zu können als etwas zu besitzen: „Die Ära des Eigentums geht zu Ende, das Zeitalter des Zugangs beginnt." Diese Zugangsökonomie sieht er als Teil einer Zugangsgesellschaft, die sich durch höhere Mobilität und Flexibilität auszeichnet und damit auch höhere Ansprüche an Konsumkultur und Unternehmen stellt. Ihr Funktionieren basiert vordringlich auf der digitalen Vernetzung und der Partizipation via Internet, dessen kritische Masse als Katalysator für Wirtschaft und Vergemeinschaftung gerade im Moment sichtbarer wird denn je.

Neben konkreten Geschäftsmodellen manifestiert sich die Sharing Economy immer stärker auch im Zusammenhang des Reduce, Reuse und Recycle im öffentlichen Raum, oft mit einem dezidiert ideellen oder sozialen Impetus. Beispiele hierfür sind Bücherschränke, Tauschboxen oder die vom niederländischen Waarmakers Studio speziell designten Goedzaks, durchsichtige Müllbeutel für Dinge, die andere Menschen noch gebrauchen können.

Das Cradle to Cradle-Konzept von Michael Braungart geht sogar noch weiter. Hier wird das Ende des Produktlebenszyklus als fester Bestandteil des Designs von Beginn an berücksichtigt. Entweder lassen sich die Produkte zerlegen, in neue überführen oder sie verbrauchen beim „Dekonsumieren" zumindest möglichst wenige Ressourcen.

1.1.2 Cult of Less

Im Athen des 4. Jahrhunderts v. Chr. lebt der Philosoph Diogenes von Sinope, auch bekannt als Diogenes in der Tonne, da er eine solche des Öfteren als Schlafstätte benutzt. Nur mit Wollmantel, Stock, Rucksack und rudimentärem Proviant ausgestattet, propagiert er ein einfaches Leben, frei von überflüssigen Bedürfnissen und äußeren Zwängen. Als er, einer legendären Anekdote zufolge, auf Alexander den Großen trifft und der ihn fragt, womit er ihm dienen könne, antwortet Diogenes: „Geh mir nur ein wenig aus der Sonne."

Mit dieser Form der Selbstgenügsamkeit, im Griechischen autárkeia, begründet er die philosophische Tradition des Maßhaltens als Fundament eines guten, gelingenden Lebens. Im Kontext der aktuellen Diskussion des Weniger ist mehr beginnt sich neben der Shareconomy auch der Cult of Less als Begriff zu etablieren. Als digital verorteter Diogenes 2.0 tritt dabei Michael Kelly Sutton auf den Plan, der vor vier Jahren auf seiner Cult of Less-Website dazu aufruft, sich dem materiellen Besitz nicht mehr vorbehaltlos auszuliefern, weniger zu kaufen, weniger zu konsumieren und dafür mehr zu reisen und soziale Kontakte zu pflegen. Warum also nicht alles Überflüssige weggeben, Ballast abwerfen, nicht unbedingt in der Tonne, aber sparsam eingerichtet wohnen, sich auf das Wesentliche konzentrieren? Und das Wesentliche ist, frei nach dem Song „The Best Things in Life are Free" von den Ink Spots, nicht käuflich und immateriell – oder wie der kanadische Architekt, Designer und Unternehmer Graham Hill in einem Beitrag für die New York Times schreibt: „Wir wissen intuitiv, dass die besten Dinge im Leben keine Waren sind, sondern dass Beziehungen, Erlebnisse und eine sinnvolle Arbeit die Grundlage eines glücklichen Lebens bilden." (Zitiert nach Albers 2013, S. 137)

1.1.3 Heritage

In seinem Buch Der taumelnde Kontinent räsoniert der Autor und Journalist Philipp Blom über Mentalitäten und Befindlichkeiten in der Zeit vor dem Ersten Weltkrieg. Er sieht diese Epoche als beispielhaft für die Konsequenzen gesellschaftlichen und sozialen Wandels in Folge von Massenproduktion und Massenkonsum an. Dies impliziert die Frage, wie die Menschen vor 100 Jahren diesen Wandel erlebt und für sich gedeutet haben. Die Erfahrung des Verlustes spielt dabei eine gewichtige Rolle und führt nicht zuletzt zur Geburtsstunde der Museen, die sich dem Bewahren schwindender Lebensformen und Monumente verschreiben und damit eine kulturelle Bewegung in Gang setzen, die bis heute anhält: „Mitten im Boom des Neuen begann das Alte wertvoller zu scheinen denn je. Gleichzeitig wuchs das Bewusstsein, dass die Umwälzungen der industriellen Kultur eine ganze Welt von gestern vernichteten, eine Welt, die bewahrt werden musste." (Blom 2013, S. 386).

Die Rückbesinnung auf das Alte als Hort des Wertvollen und damit auch der Werte wird gegenwärtig unter dem Begriff Heritage zu einer kulturellen Bewegung, die weit über eine saisonale Anwandlung von Retro-Verkultung hinausweist. So postuliert das Wirtschaftsmagazin brand eins in seiner Ausgabe vom Januar 2014, Tradition sei noch nie so wertvoll gewesen wie heute. Je mehr sich Gewissheiten in Nichts auflösten, desto stärker sei die Sehnsucht nach anfassbaren, soliden Dingen. Dingen, denen eine bestimmte Aura des Originären, Einzigartigen, Unverwechselbaren, Individuellen und Anspruchsvollen anhaftet, die herkömmliche Produktions- und Verfahrensweisen nicht mehr leisten können. An deren Stelle reüssieren Traditionsmarken und Kleinstmanufakturen, die für Sorgfalt und Handwerkskunst stehen, oft verbunden mit einer ausdrücklichen Freude am Analogen und der Wiederentdeckung der Langsamkeit. Dies zeigt sich nicht nur – nomen est omen – im Slow-Food-Segment anhand der Attribute bio, homemade oder regional, sondern auch bei einem so komplexen Produkt wie der neuen Leica T. In einem 45-minütigen Film demonstriert Leica, wie aus einem massiven Aluminiumblock ein Kameragehäuse wird, nämlich durch ebenso unablässiges wie sorgfältiges Polieren in Handarbeit, definiert als „obsessive German craftsmanship where everything is essential".

Stefan Baumann, Innovationsforscher und Geschäftsführer der Hamburger Agentur Sturm und Drang, liefert für das Phänomen Heritage eine schlüssige Begründung, wenn er sagt: „Erst hat die Wirtschaftswelt des globalen Kapitalismus Produkte nach Gesetzen der Effizienz abgeschmirgelt und windschnittig gemacht. Standardisierung und Skalierung haben ihnen jede Eigenschaft und Seele ausgetrieben. Dabei übersahen die Produzenten aber, dass Produkte und Marken kulturell eingebettet sind, dass sie dem Verwender Kultur verleihen." (Willenbrock 2014, S. 84)

Auf der Basis dieser Erkenntnis verwundert es nicht, dass sich der Heritage-Trend vor allem in der Mode manifestiert, besonders ausdrücklich im Comeback der Herrenkultur. Die verfügt mit der in Düsseldorf erscheinenden The Heritage Post mittlerweile über ein eigenes publizistisches Sprachrohr, das sich mit Verve dem stilvoll gekleideten und stilsicher agierenden Mann verschrieben hat. Die Renaissance von handgefertigtem Schuhwerk, Maßanzug und Rasur im Barber Shop rekurriere, so die Kritik, auf ein nostalgisch-konservatives Männlichkeitsideal. Sie steht jedoch darüber hinaus für eine profilierte Position, die gerade im Typus des Dandys konfektionierter Ästhetik, Konformismus und Wegwerfkultur die Stirne bietet und dem Guten, Schönen und Wahren das Wort redet. „Die Wirtschaftskrise fördert die Sehnsucht nach beständigen Werten, nach der Aura von ererbtem Geschmack und guter alter Zeit. Und sie fördert die Frage: Was brauche ich wirklich? Was habe ich nicht in ein paar Monaten satt? Und so liegt es plötzlich im Trend, keinem Trend zu folgen. Mode ist flüchtig, Stil ewig." (Becker 2013, S. 12).

In der Rückbesinnung auf Werte jenseits eindimensionaler Gewinnmaximierung, die wieder den Menschen als Maß aller Dinge in den Mittelpunkt stellen, ist der tschechische Ökonom und ehemalige Wirtschaftsberater von Vaclav Havel, Tomás Sedlácek, ein Bruder im Geiste des eingangs zitierten Ervin Lazlo. Sedlácek plädiert wie dieser für eine ganzheitliche Perspektive und in seinem Buch Bescheidenheit für die unzeitgemäße und gerade deshalb so aktuelle Tugend gleichen Namens.

Vor dem Hintergrund der Finanzkrise, die er zugleich als eine Sinn- und Wertekrise interpretiert, sieht er Bescheidenheit als Fundament einer neuen Ökonomie. Diese ist in seinen Augen kulturell und gesellschaftlich eingebettet. Sie reduziert den Menschen nicht auf den kruden Entwurf des Homo oeconomicus und verzichtet bewusst auf Zahlenbesessenheit und erkünstelten Genauigkeit, denn „in der Ökonomie geht es um Gut und Böse. Es geht um Menschen, die Menschen Geschichten über andere Menschen erzählen."

1.2 Vom Konsum zur Konsumkultur

Beim Konsum handelt es sich um ein kulturelles System, das durch den gleichzeitigen Einsatz von Bildern, Metaphern und Konzepten sowie durch eine gewaltige Mobilisierung des Körpers gekennzeichnet ist. (Illouz 2011, S. 55)

Konsum ist als Alltagspraxis und Verhaltensroutine ebenso allgegenwärtig wie in der medialen Präsentation und begegnet uns dabei in vielen verschiedenen Zusammenhängen und Begrifflichkeiten. Etymologisch leitet sich das Wort Konsum vom lateinischen *consumere* ab, was so viel wie verbrauchen, verwenden aber auch verzehren bedeutet. Unter ökonomischen Gesichtspunkten wird Konsum gemeinhin als Auswahl, Kauf, Gebrauch und Verbrauch von Gütern und Dienstleistungen verstanden. Für unsere Diskussion besonders aufschlussreich ist die soziologische Perspektive auf den Konsum als eine Form des sozialen Handelns mit umfassenden gesellschaftlichen und individuellen Implikationen.

Dem Phänomen Konsum haftet in der theoretischen Betrachtung und Bewertung lange Zeit und zum Teil immer noch eine negative Konnotation an, die sich nicht zuletzt in dem Begriff der Konsumgesellschaft niederschlägt. Wie Zygmunt Bauman polemisiert, „ist in der Konsumgesellschaft das wichtigste, vielleicht entscheidende Ziel des Konsums nicht die Befriedigung von Bedürfnissen, Sehnsüchten und Wünschen, sondern die Kommodifizierung oder Rekommodifizierung des Konsumenten: Der Konsument wird in den Status einer käuflichen Ware gehoben […]. Die Mitglieder der Konsumgesellschaft sind selbst Konsumgüter" (Bauman 2009, S. 77).

Bauman sieht den Konsum dabei in erster Linie als eine individuelle Beschäftigung von Menschen, während er eine Gesellschaft, deren einziger Konsens und eigentlicher Daseinszweck darin besteht, zu kaufen, zu verbrauchen und zu verzehren, als konsumistisch bezeichnet. Damit rückt er den Konsumismus in die Nähe des Ideologischen, ja Pathologischen, weil der den Menschen auf das Habenwollen reduziert, ihn eindimensional werden lässt und damit letzten Endes sozial deformiert. Beim „konsumistischen Syndrom" (Bauman 2009, S. 113) dreht sich alles um Geschwindigkeit, Überschuss und Abfall. In diesem Zusammenhang meint demnach z. B. eine intendierte Intervention wie die *geplante Obsoleszenz* nicht nur den physischen Verschleiß am Ende des Produktlebenszyklus, sondern auch den moralischen Verschleiß im Sinne von „Was du schon zu lange hast, ist nicht gut für dich, weil es an Wert verliert und du damit an Ansehen." Es wird von anderen als soziale Langsamkeit interpretiert, als mangelnde Bereitschaft, das Neue zu umarmen. Und das Neue sind dabei natürlich immer die neuen – sprichwörtlichen – Konsumprodukte.

Dass die schönen, guten *Waren* uns von der Erkenntnis des Schönen, Guten und *Wahren* abhalten, ist ein Topos der theoretischen Diskurse des 20. Jahrhunderts und hat seine wohl prominentesten Vertreter in Max Horkheimer und Theodor W. Adorno. Adorno prägt in der *Dialektik der Aufklärung* den Begriff der „Kulturindustrie" als Zuspitzung der Beobachtung, dass alles, und darunter eben auch kulturelle Errungenschaften und letztendlich das Individuum selbst, ökonomisiert, merkantilisiert und damit zur Ware gemacht wird.

Der Philosoph Wolfgang Fritz Haug knüpft 1971 in seiner *Kritik der Warenästhetik* an Karl Marx *Kritik der politischen Ökonomie* an und steht damit für eine linke Denktradition, welche die Diskussion über Konsum, Waren und Marken nachhaltig geprägt hat. Nach Haugs Ansicht erodiert im Kapitalismus der Gebrauchswert, der den eigentlichen Nutzen der Ware bestimmt. An seine Stelle treten stattdessen falsche Gebrauchswertversprechen, die mittels Suggestion und Manipulation glaubhaft gemacht werden sollen. Mit dieser sowohl eindimensionalen als auch stark moralisierenden Position unterstellt Haug Produzenten und Markenverantwortlichen die ausdrückliche Absicht, den Konsumenten täuschen und verführen zu wollen.

Wolfgang Ullrich, dessen Buchtitel *Alles nur Konsum. Kritik der warenästhetischen Erziehung* nicht nur an Friedrich Schillers *Über die ästhetische Erziehung des Menschen* anknüpft, sondern auch als Anspielung und Gegenposition zu Haug zu verstehen ist, schreibt zu dessen „Standardwerk mit internationaler Verbreitung; mehrere Generationen von Pädagogen bemühten sich fortan ihrerseits um Aufklärung: damit Produktinszenierungen durchschaut werden können als eine Form der Überwältigung" (Ullrich 2013, S. 9).

30 Jahre später kommt Naomi Klein, die mit ihrer *Publikation No Logo! Der Kampf der Global Players um Marktmacht. Ein Spiel mit vielen Verlierern und wenigen Gewinnern* zur Ikone der Globalisierungsgegner geworden ist, zu ähnlich lautenden Erkenntnissen. Auch für sie konstituieren Waren, besonders in der für sie sinistren Variante der Markenprodukte, tauschwertfixierte Trugbilder, die den Lebensalltag der Menschen, ihr Denken, Handeln und Empfinden manipulieren: „Der Raumverlust findet im Innern des Individuums statt, und es wird kein realer, sondern mentaler Raum kolonisiert" (Klein 2001, S. 81).

Überlegungen wie die von Haug oder Klein sind definitiv nicht dazu in der Lage, die dem Konsum innewohnenden Facetten und Möglichkeiten auch nur im Ansatz auszuloten. Reichtum und Vielfalt dessen, was wir unter modernem Konsum verstehen, kommen weder simple Typologien noch monolithische Erklärungsmodelle bei. Darüber hinaus rekurrieren sie auf einen in jeder Hinsicht schwachen Konsumenten, der weder den Mut hat noch in der Lage ist, sich seines eigenen Verstandes zu bedienen. Unmündig, unkritisch und unfähig, die Verblendungszusammenhänge zu durchschauen, in die ihn die Unternehmen mit ihren Marken und Produkten eingewoben haben, wird der arme Konsument ohne Unterlass verführt, verleitet und fremdgesteuert.

Dass dieses Zerrbild des korrumpierbaren Konsumtölpels nicht der Weisheit letzter Schluss sein kann, liegt auf der Hand und wird nach unserem Verständnis durch positive Attribute wie souverän, autonom oder selbstbewusst konterkariert. Schließlich finden sich nicht zuletzt in den sozialen Netzwerken „Äußerungen zufriedener und engagierter Konsumenten, die sich weniger überwältigt und kolonisiert, als vielmehr orientiert fühlen, sich emotional zu einer Marke bekennen oder Kennerschaft hinsichtlich der Unterschiede von Produktvarianten entwickeln" (Ullrich 2013, S. 9).

Nähert man sich dieser Lesart an, wird Konsum zu einem Modus vivendi, der unsere tägliche Lebenswelt durch die Aneignung von Gütern kreativ ausstaffiert und bereichert. Damit entwickelt er sich aber auch von einer als trivial empfundenen Praktik zu einer Kulturtechnik, die das unmittelbare Begehren, Erwerben und Verbrauchen transzendiert. Konsumieren verlangt dann Qualitäten, die mit der gelungenen Rezeption eines Kunstwerks, eines Buches oder einer musikalischen Aufführung vergleichbar sind: Geschmack, Differenzierungsvermögen und Urteilskraft. Die Konsumkultur – um den entsprechenden Begriff nun explizit und „offiziell" einzuführen – fußt auf der Erkenntnis, dass Konsum mehr ist als die Befriedigung dinglicher Bedürfnisse. Getragen wird sie von Konsumenten, die die feinen Unterschiede kennen und schätzen, die der fintenreichen und nuancierten Annäherung an ihre (Marken-)Objekte der Begierde den Vorzug vor dem konsumistischen Frontalangriff geben. Und deren Konsumhandlungen als Teil einer komplexen kulturellen und sozialen Matrix auch immer Konsequenzen für die Konstituierung der eigenen Identität haben.

Identitätsbildung mittels Konsum geht dabei weit über das sattsam bekannte „I shop, therefore I am" als eher einschichtiger Form existentieller Selbstvergewisserung hinaus. Vielmehr ist Konsum, wie die israelische Soziologin Eva Illouz schreibt, „der Ausgangspunkt eines mühseligen Prozesses der Ich-Bildung qua Waren […] Konsum konfrontiert das Individuum mit dem unendlichen Sisyphos-Projekt, sich selbst zu bilden; er fordert es auf, sich selbst zu finden – inmitten einer Mannigfaltigkeit von winzigen Akten der Selbsterschaffung" (Illouz 2011, S. 69). Konsum so verstanden, ist also weder ein zufälliger noch ein besinnungsloser Akt noch führt er in nur eine Richtung. Vielmehr ist er reziprok, verlangt von einem Individuum Reflexion und die Bereitschaft, sich zu verhalten und an sich zu arbeiten. Der Frankfurter Sozialphilosoph Axel Honneth formuliert es 2007 in der Online-Ausgabe der Zeitschrift polar folgendermaßen: „Heute ist es kaum mehr vorstellbar, dass Individuen zu einer sozialen Identität gelangen, ohne diese in einem Ensemble persönlich konsumierter Güter auszudrücken." Der Begriff der sozialen Identität weist darauf hin, dass Konsum immer auch eine Form der Kommunikation darstellt, indem ich anderen zeige, was ich durch das, was ich kaufe, fühle und denke. Damit gebe ich meinen Ko-Konsumenten zugleich die Möglichkeit, an mein Konsumgebaren anzudocken, sich darüber auszutauschen, auf welche Weise wir uns was warum aneignen, wo wir das tun und wie wir darüber reden. Dass Konsum ein Katalysator von Vergemeinschaftung ist, wird ein Thema des nächsten Kapitels sein.

Doch zurück zum innigen Verhältnis von Identität und Konsum: „Käufer elitärer Markenartikel berichten davon, wie ihr Leben dadurch bewusster und intensiver werde und sich eigene Rituale entwickelten. Wer einen teuren Füller erwirbt, will damit vielleicht die große Bedeutung des Schreibens für sein Selbstverständnis – und als Quelle seines Selbstwertgefühls – würdigen. Der Füller soll dann helfen, die eigene Identität zu stabilisieren" (Ullrich 2006, S. 24). Aber auch Güter des Massenkonsums werden zur Ausbildung von Identität genutzt. Durch den alltäglichen Umgang mit diesen Dingen werden ihnen oft sehr persönlich und intim kodierte Bedeutungen zugewiesen. Dieser Modus der Aneignung ermöglicht die Übersetzung und damit die Eingliederung in das eigene Leben. In der Folge werden diese speziellen Güter dann zugleich auch den Waren- und Vernutzungszyklen entzogen, sie werden dekommodifiziert und so ihrer Entfremdung als reine Konsumgegenstände enthoben. Dinge und Marken werden uns also durch den wiederholten, ritualisierten, Gebrauch vertraut. Wir bauen Beziehungen zu ihnen auf, die nicht selten überaus emotional bestimmt sind.

Dafür müssen Produkten im Kontext der Konsumkultur neue Qualitäten innewohnen, welche für den Konsumenten Aneignungsflächen schaffen, die er mit seinen identitätsstiftenden Vorstellungen und Vorlieben besetzen kann. Diese Qualitäten weisen weit über den reinen Gebrauchswert hinaus, sie fügen den Dingen eine Metaebene zu, die Wolfgang Ullrich „Fiktionswert" nennt. Das heißt, je mehr Verheißungen und Optionen sich in einem Produkt oder einer Marke befinden, desto attraktiver wird es bzw. sie – attraktiv in dem Sinne, dass dem Konsumenten suggeriert wird: Der Kauf dieser Marke hat etwas mit mir zu tun, sie bereichert mein Leben, sie ist unverzichtbar, weil sie ein Ausdruck meiner Identität ist. Den Produkten diese sehr erträgliche Leichtigkeit des Seins, diese „Zweckmäßigkeit ohne Zweck" zu injizieren, verlangt von den Unternehmen nicht nur einen hohen inszenatorischen Aufwand, sondern auch ein genuines Gespür dafür, was wir im Verlaufe dieses Kapitels als Konsumkultur zu bezeichnen gelernt haben. Dass wir in einer solchen leben und sie sich kontinuierlich entwickelt, hat weitreichende Konsequenzen. Die Evolution des Konsums zur Konsumkultur bedingt eine Evolution des Verständnisses von der Funktion und dem Nutzen von Marken und prägt last but not least auch das neue Bild eines neuen emanzipierten und souveränen Konsumenten.

1.3 Der „neue Konsument" – Vom Verbraucher zum Gestalter

Das Ende der Ideologien und der großen Erzählungen führt zu Flüchtigkeit und Flüssigkeit und erfordert deshalb neue Identitätsentwürfe. Sie orientieren sich nicht mehr an äußeren Unverfügbarkeiten, sondern am Prinzip der Gestaltbarkeit und basieren auf einer hohen Toleranz gegenüber Ambivalenzen und Inkonsistenzen. (Prisching 2008)

2005 erscheint Daniel Kehlmanns Roman *Die Vermessung der Welt*, der das Leben des Mathematikers Carl Friedrich Gauß und des Naturforschers Alexander von Humboldt fiktionalisiert. In der Doppelbiographie wird deutlich, wie sehr das späte 18. und frühe 19. Jahrhundert davon besessen sind, sich die Welt – Länder, Menschen, Gegenstände, aber auch abstrakte Phänomene – anzueignen, mittels Zahlen und Nomenklaturen handhabbar zu machen: jedem Ding seine Benennung, seine Kartografie, seine Kategorie. Es ist erst dann alles gut, wenn alles an seinem Platz ist und dort bitteschön auch bleibt.

Das letzte Jahrhundert übernimmt diese Denktradition dankbar. Gerade in den scheinbar so modern anmutenden „Roaring Twenties" tritt die Konfektionierung ihren Siegeszug durch den Alltag der Menschen an. Dies gilt nicht nur für die Erfindung der sprichwörtlichen Konfektionsgröße, sondern ebenfalls für viele andere Lebensbereiche – Stichwort „Risikokalkül" und der Aufstieg der Versicherungen. Hier deutet sich übrigens auch schon die problematische Kongruenz von Standardisierung, Zahlengläubigkeit und Ökonomisierung an, die gegenwärtig auf immer mehr Widerspruch trifft. Philipp Blom konstatiert in seinem Buch *Der taumelnde Kontinent*, einer Bestandsaufnahme der Jahre 1900 bis 1914: „In dieser neuen Konsumwelt wurden nicht nur die Waren, sondern auch die Verbraucher selbst standardisiert und statistisch erfasst" (Blom 2013, S. 373).

An diese Überlegungen lässt sich nahtlos anknüpfen, wenn wir über *Verbraucher* und *Konsumenten* sprechen. Schon die Kategorien selbst stehen doch für eine Sichtweise, die man sehr lange sehr gerne gepflegt hat und die auch heute noch nicht gänzlich obsolet ist: Der Verbraucher verbraucht, der Konsument konsumiert – mehr nicht. Mit „man" sind dabei insbesondere diejenigen Unternehmen gemeint, deren Absatzbemühungen immer noch vornehmlich am Verkaufsregal enden und die das eigene Produkt und mithin auch die eigene Marke als rein ökonomische Wertschöpfungskette betrachten. Und in diesem Modell werden die Konsumenten eben auf ihre ausschließliche Funktion als Käufer reduziert. Auch diese eindimensionale betriebswirtschaftliche Perspektive fußt auf dem Diktat der Berechenbarkeit. Es fürchtet nicht so sehr wie den unberechenbaren Konsumenten, der sich nicht brav in eine Zielgruppe einordnen lässt, die man dann zwecks Gewinnmaximierung mit seinen Produkten beschicken kann.

Eine derart „klassische" Einordnung in Zielgruppen, die sich durch eindeutige soziodemographische oder geografische Parameter definieren lassen, erfasst die Komplexität des neuen Konsumenten längst nicht mehr. Der verkörpert nämlich in seiner Modifikationsfreudigkeit das genaue Gegenteil zum statischen Konzept des Vorgängers. Deshalb befinden wir uns mittlerweile in einer profunden Umstrukturierung des Marktes, die durch die Konsumenten mitinitiiert wird und die für Unternehmen maßgebliche Veränderungen mit sich bringt und bringen muss. Schließlich finden sie nicht mehr einen in Duldungsstarre paralysierten Verbraucher vor, sondern den aktiven, mündigen und darüber hinaus sehr anspruchsvollen Konsumenten, der immer alles, überall und sofort will.

Dieses legitime Anspruchsdenken entspricht einem hohen Grad an Informiertheit. Der Konsument von heute hat deshalb mehr Macht, weil er – nicht zuletzt dank der Möglichkeiten des Internets und der sozialen Netzwerke – zwangsläufig mehr weiß als sein Pendant von gestern. Er „steht in der Eigenständigkeit seiner Kaufentscheidungen seiner Umwelt fordernd und hochkompetent gegenüber" (Richard und Ruhl 2008, S. 13) und versucht, auch für die Produkte, auf die er sich einlässt, ein größeres Verständnis zu generieren. Dieser sog. *Smart Shopper* lässt sich nur dann manipulieren, wenn er es selber will und hinterfragt dabei nicht nur die vordergründige Produktqualität kritisch, sondern genauso, ob sich die Marke, die er sich da gerade aneignet, auch adäquat in seinen Lebens- und Identitätsentwurf einpasst. Gerade in dieser Hinsicht zeichnet sich der neue Konsument nach Meinung des Soziologen Gerhard Schulze durch seine Selektionskompetenz aus, ist als „abwechslungsorientierter Kulturkompositeur" (Schulze 2000, S. 579) unterwegs, der sich in Samplings sowie Remix- und Patchworkszenarien am wohlsten fühlt.

In dieser Eigenschaft ist er sowohl hochindividuell als auch autark, indem er sich Vorgaben und vorgestanzten Mustern, wie er was zu kaufen und zu konsumieren hat, entzieht. Es bleibt jedoch nicht bei der reinen Neidbewegung. Vielmehr konstituiert sich die Identität durch die kreative Aneignung von Marken und Produkten, durch die bewusste Modellierung von Differenzen und Abweichungen. Deshalb lautet das Credo des emanzipierten Konsumenten „Ich mache mit der Marke, was ich will. Ich mache mir die Marke, die ich will!" Gerade der letzte Aspekt macht die Evolution des Konsumenten deutlich, der nicht nur in Gestalt des homo digitalis immer mehr zu einer Art „Content Creator" wird und dabei seine Konsumleidenschaft mit semiprofessioneller Expertise betreibt. Für diesen Typus, der keiner sein will, weil diese Bezeichnung ja gleich wieder an Zielgruppenstereotype und Denkschablonen erinnert, hat sich der Begriff des Prosumers etabliert. Der Prosumer ist per se Individualist und macht gern Dinge selbst – analog, versteht sich. Der Prosumer ist aber zugleich auch gerne Teil von „Consumer Tribes", flüchtigen Formen von Vergemeinschaftung, mit denen er sich auf Portalen wie flickr.com oder Youtube austauscht – digital, versteht sich. Der Prosumer – in der Etymologie von Producer/Consumer – ist ein kreativer Hybride, die Verkörperung dessen, was man unter emanzipiertem und souveränem Konsum versteht. Er ist „der Verbraucher, der zugleich in unterschiedlichem Maße und potenziell eigenschöpferisch Mitproduzent von Gütern ist, als solcher aber wiederum ins Kalkül von Marketing-Strategien einbezogen wird, gleichzeitig diesen jedoch ablehnend begegnen kann" (Richard und Ruhl 2008, S. 11 f.). Die Sache ist also wie alles, was uns im Kontext von Konsum, Konsumenten und Aneignung begegnet, komplex, nicht trivial.

Verena Kuni, Professorin für Visuelle Kultur an der Goethe-Universität in Frankfurt am Main, schreibt in ihrem Aufsatz *Happy Prosumer? Do-it-Yourself or Die 2.0*: „Wer etwas selbst macht, will es anders machen als die anderen...In Zeiten, in denen es die Märkte mit einem Mainstream der Minderheiten zu tun bekommen, verlangt es eine Multitude nach individueller Selbstbetätigung und -bestätigung" (Kuni 2008, S. 98 f.).

Anders machen als die anderen, heißt anders sein zu wollen als die anderen. Zeige mir, was und wie du konsumierst/prosumierst und ich sage dir, wer du bist oder sein willst. Der neue Konsument verknüpft seine Identität wie noch nie zuvor mit dem, was er konsumiert, rezipiert, sich aneignet, modifiziert und dann wieder in den diskursiven Kreislauf des Austauschs und der Bewertung durch andere einspeist. Oder wie Manfred Prisching sagen würde: „Konsum bedeutet, sich selbst erschaffen, seinen Lebenslauf entwerfen, eine Vision von sich selbst und seinem Leben entwickeln, eine geistige Verbindung zur Güterwelt [*sehr schön!*] herstellen. Konsum ist eine Kommunikationsressource, um den anderen zu signalisieren, wer man selbst ist" (Prisching 2008). Wer man zu guter Letzt dann tatsächlich ist – als Mensch und als Konsument – bleibt dabei stets im Fluss, wandelbar und verhandelbar. Es ist die sprichwörtliche „Liquid Identity" Zygmunt Baumans, eine temporäre Erzählung über sich selbst, flüchtig und nur schwer greifbar, in keine Schublade zu stecken, nicht berechenbar, aber voller Gestaltungswillen.

So wie sich der „krude" Konsum immer weiter zur Konsumkultur entwickelt, entwickelt sich der Verbraucher konventioneller Prägung zum Gestalter von heute – eine stimmige Analogie. Diese Spielart des neuen Konsumenten, der sich Marken und Produkte kreativ aneignet, schafft Verhandlungsspielräume zwischen sich und den Unternehmen, dies es sinnvoll mit Leben zu füllen gilt.

1.4 Die Aneignung – Motor für die Veränderung

1.4.1 Der Begriff der Aneignung – Genese und Geschichte

> Aneignung ist konstitutiv für Bildung und Identität. Nur ein Idiot oder Gott lebte ohne Aneignung. Das Eigene ist nicht einfach gegeben wie ein Datum. Es ist vielmehr das Ergebnis einer geglückten Aneignung. Ohne Aneignung findet keine Erneuerung statt. (Byung-Chul Han 2005, S. 61)

Punks schwenken einen Mercedes-Stern als Trophäe. Rechtsextreme werden in den Niederlanden als *Lonsdale-Youth* bezeichnet. Gläubige Muslime trinken *Mekka-Cola* und in Peru ist *Inka-Cola* das Getränk der Wahl. Ü-Ei-Sammler nutzen Farben, Symbole und Gestaltung der Ferrero-Überraschungseier für ihre Internetseiten und Kataloge, veranstalten Börsen und werden vom Unternehmen abgemahnt. Eine Agentur vermittelt Lizenzen für das Merchandising des *Meister Proper*-Motivs, um damit T-Shirts und Handtücher zu bedrucken. Die Community der *VW-Golf I*-Fahrer hält sich mittlerweile für den wahren Hüter der Marke VW und nicht etwa den in Wolfsburg agierenden Konzernvorstand.

Wie geht ein Unternehmen damit um, wenn sich der emanzipierte, Social Media-affine „neue" Konsument eine Marke aneignet und damit Dinge tut, an die die Markenverantwortlichen nicht im Traum gedacht haben? Der Beantwortung dieser Frage muss eine Bestandsaufnahme des Begriffs Aneignung vorausgehen, seiner Herkunft und Bedeutung sowie seiner Stimmigkeit bezüglich der Marke im Allgemeinen und der Markenführung im Besonderen.

Der Terminus der Aneignung wird vor allem in der soziologischen und ethnologischen Forschung verwendet und entstammt somit dem kulturellen und gesellschaftlichen, nicht etwa dem ökonomischen Bereich. Im wissenschaftlichen Diskurs findet sich als Äquivalent der Begriff der Appropriation wieder. Der Aneignung inhaltlich verwandt sind u. a. Phänomene wie Vereinnahmung, Einverleibung oder Assimilation.

Der französische Ethnosoziologe Claude Lévi-Strauss pointiert das Wesen der Aneignung in seinem 1962 erschienenen Werk „*Das wilde Denken*" anhand des Konzepts der *Bricolage*. Bricolage bedeutet im Französischen so viel wie Bastelei oder auch Gebastel und betont damit ein provisorisches und improvisiertes Moment. Für Lévi-Strauss ist die Bricolage sowohl Kulturtechnik als auch soziale Praxis. Sein Motto „nehmen und verknüpfen, was da ist", zielt darauf ab, sich

Vorhandenes anzueignen und zu etwas Neuem umzustrukturieren. Dieser Prozess verlangt also nach Akteuren, deren Motivation darin besteht, Dinge –.dazu zählen natürlich auch Produkte und Marken – in einen neuen Kontext zu stellen. Dieser Vorgang kann dazu führen, die ursprüngliche Bedeutung der jeweiligen Gegenstände nicht nur zu verändern, sondern unter Umständen sogar ganz aufzuheben. In der sog. nicht-intendierten Nutzung deutet sich schon die sehr spannende und produktive Ambivalenz von Risiko und Chance an, die derartigen Prozessen innewohnt. Diese werden im weiteren Verlauf des Readers weiter aufgegriffen und an Markenbeispielen konkretisiert werden.

Ein Kollege von Claude Lévi-Strauss, der französische Soziologe und Historiker Michel de Certeau, betont in seiner 1980 erschienenen *Kunst des Handelns* den subversiven Charakter von Aneignungsprozessen als kreatives Vorgehen im Alltag. Diese „Praktiken spielen mit den Mechanismen der Disziplinierung und passen sich ihnen nur an, um sie gegen sich selber zu wenden. Diese Praktiken und Listen von Konsumenten bilden letztlich das Netz einer Antidisziplin" (de Certeau 1988, S. 16), die sich, um den Satz im Sinne des vorliegenden Themas weiterzuführen, auch im bewussten Unterlaufen einer Unternehmensintention manifestieren könnte. Aneignung als eine Kunst des Handelns im Kontext von Konsum wird von de Certeau auch als *andere* Produktion bezeichnet. Sie „äußert sich nicht durch eigene Produkte, sondern in der *Umgangsweise* mit den Produkten, die von einer herrschenden ökonomischen Ordnung aufgezwungen werden" (de Certeau 1988, S. 13). Derartige Vorgänge werden in der Ethnologie bzw. Anthropologie oft mit dem Begriff der Kreolisierung umrissen. Karl-Heinz Stoll definiert Kreolisierung als „schöpferische Aneignung kultureller Durchmischung unter Achtung und Bewahrung von Vielfalt und Heterogenität" (Stoll 2005, S. 147). Damit sieht er diesen Prozess der Fusion verschiedener Kulturen und Sprachen, auf den sich der Begriff ursprünglich bezieht, eindeutig positiv. Hier entstehen durch Vermischung, Transformation und die Lust am Spielerischen und Experimentellen neue Dinge, neue Alltagspraktiken und letzten Endes neue Identitäten. Diese innovative Vielfalt zeigt sich dabei vor allem im Gewand des Hybriden, wo zusammenwächst, was auf den ersten Blick nicht immer zusammengehört. Aneignung generiert somit nicht nur Hybridität, sondern auch eine Kultur des Hybriden. Sie basiert auf der Autonomie des Aneigners, egal in welcher Form er in das eintritt, was im Folgenden als kulturelle Verhandlung bezeichnet wird. Autonomie bedeutet Gleichrangigkeit der Verhandlungspartner. Das wird auch von Édouard Glissant so gesehen, der sich mit dem Begriff der Kreolisierung in seinem Essay *Kultur und Identität* theoretisch auseinandergesetzt hat: „Kreolisierung bedeutet, dass die in Kontakt gebrachten kulturellen Elemente unbedingt als gleichrangig gelten müssen..., dass in Austausch und Mischung das Sein weder von innen noch von außen herabgesetzt oder missachtet wird" (Glissant 2005, S. 57). Überlegungen dieser Art mit einem ausdrücklichen Akzent auf der Aneignung von Marken vertieft der Frankfurter Ethnologe Hans Peter Hahn in seinem richtungweisenden Buch *Materielle Kultur*. Für ihn bezieht sich Aneignung auf den Prozess, durch den importierte Güter zu einem Teil der lokalen Kultur werden. Der Begriff macht für Hahn die Handlungsspielräume, die er Agencies nennt, sichtbar und unterstreicht damit das aktive Handeln derer, die sich eines Gegenstandes oder einer kulturellen Errungenschaft bemächtigen. Aneignung ist dabei nicht nur Arbeit, sondern „grundsätzlich ein unabgeschlossener Prozess" (Hahn 2005, S. 106). Sie ist ein „Schlüssel, um abstrakte und anonyme Waren zu Gütern mit subjektiv empfundenen Werten zu machen" (Hahn 2005, S. 101), mithin also eine Antwort auf die Entfremdung und die durch den Massenkonsum erzeugte Objektivierung der Lebensumwelt. Aneignung definiert sich vor allem durch die veränderte Beziehung zwischen einem Gegenstand und der Gesellschaft. Das Objekt der Begierde wird mit Kontexten versehen und mit Bedeutungen aufgeladen. In dieser Transformation zeigt sich der – noch einmal in anderen Worten – „Übergang von unpersönlichen Waren hin zu persönlichen Gütern." (Hahn 2005, S. 107) An dieser Stelle wird nun auch endgültig klar, was Aneignung mit der Führung von Marken zu tun hat: nicht etwa die Duldungsstarre passiver Konsumenten gegenüber allmächtigen Unternehmen, sondern die Inbesitznahme von Marken durch Integration in die eigene Lebenswelt. Auf der Basis der kulturellen Verhandlung werden angeeignete Marken damit zum Ausdruck eigener Werte und Haltungen von aktiven, partizipativen Konsumenten.

1.4.2 Die Praxis der Aneignung – Modell der sozio-kulturellen Verhandlung

> Erst in der Praxis der Aneignung werden Agenten, die funktionieren, zu Akteuren, die deuten und vorführen, forcieren oder sich verweigern. Diese Akteure interpretieren, zeigen und produzieren in ihrer Aneignung Eigenes, vielleicht auch Eigensinn. (Lüdtke 1997, S. 87)

Im klassischen Modell der identitätsbasierten Markenführung gehen die Impulse fast ausschließlich vom Unternehmen aus, das seinen innovativen Impetus in die Herstellung und Weiterentwicklung seiner Produkte bzw. Marken einspeist. Diese finden dann durch Handel und Vertrieb ihren Weg zum Konsumenten. In anderen Worten: Das Unternehmen sendet eine Botschaft – das Produkt – an das Ziel: den Konsumenten. Das Unternehmen ist aktiv, der Konsument passiv, die Marke fungiert als reines Medium, ist eher Transmitter als Transformator. In dieser Konzeption endet die Marke am Verkaufsregal und schließt den Konsumenten als aktiven Part im Kontext der Marke aus.

Dieser Ansatz ist weder grundsätzlich falsch noch soll er hier komplett entwertet werden. Schließlich liegt die Verantwortung für die Markenführung immer noch beim Unternehmen, dessen Know-how, aber auch Forschungs- und Entwicklungskompetenz für die Marke unverzichtbar bleiben. Unsere Beobachtungen konkreter Unternehmensbeispiele und unsere Erfahrungen aus der Markenpraxis haben jedoch gezeigt, dass dieses Modell nicht mehr in der Lage ist, das soziale Phänomen Marke adäquat abzubilden. Veränderte gesellschaftliche, kulturelle und ökonomische Parameter verlangen nach einem zeitgemäßen und erweiterten Modell, in dem die Akzente, die auf den diversen Verhandlungspartnern liegen, sowie ihre Bezüge untereinander anders gewichtet werden.

Dieses neue Modell der Aneignung macht den Konsumenten vom passiven Empfänger zu einem gestaltenden Moment mit deutlich erweitertem Aktionsradius. Er fasst den Input des Unternehmens nicht mehr als Direktive, sondern eher als wohlwollendes Angebot auf. In welcher Form er dieses aufnimmt und ob er es letzten Endes annimmt oder verwirft, obliegt dabei seinem individuellen Ermessen. Aber gleichgültig, wie er sich auch entscheidet, seine Entscheidung wird kommuniziert, kommentiert und fließt als vitaler Input wieder in die Gesamtheit der Marke ein. Damit wird nicht nur die Rolle des Konsumenten zusehends emanzipierter, vielschichtiger und lebendiger, auch der Marke wird ein ganz anderer Stellenwert zugewiesen. Vom bloßen Medium des statischen alten wird sie zum eigenständigen Wesen des dynamischen neuen Modells. In diesem elaborierten Verständnis von Marke wird ihre Bedeutung und Verfasstheit im soziokulturellen Raum ständig neu verhandelt. Und als Verhandlungspartner begegnen sich Unternehmen und Konsumenten auf Augenhöhe (siehe Abb. 1.1)

Abb. 1.1 In der Konsumkultur wird die Marke geprägt durch Willensbildung, Konsum, Meinungsbildung und Substanzgewinn

> **Erläuterung zur Abb. 1.1**
> Die **Konsumkultur** versammelt und beschreibt den Kreislauf aus Willens- und Meinungsbildung. Sie umfasst alle Akte der Selbsterschaffung durch Produkte und deren Verhandlung im soziokulturellen Kontext. Unternehmen, Konsumenten sowie die Öffentlichkeit verhandeln über Wertschöpfung und Wertschätzung der Marke.

Wille (W)
Die **Willensbildung** liegt in der Verantwortung des markenhaltenden Unternehmens. Sie äußert sich durch die Haltung (Verhalten, Vertrieb, Kommunikation, Preisgestaltung etc.), die Kompetenz (Leistung für Bedarf und Bedürfnisse) sowie den Zweck (langfristige Ziele, Werte, Prinzipien), welche das Unternehmen der Marke als Ausstattung mitgibt.

Substanzgewinn (S)
Der **Substanzgewinn** beschreibt die gesamte Wertschöpfung des Unternehmens aus der Marke. Das meint sowohl die Rendite auf das eingesetzte Kapital als auch den Zugewinn an Sinnhaftigkeit und soziokultureller Bedeutung.

Konsum (K)
Die **Konsumenten** machen sich die Marke durch Konsum und Meinungsbildung zu Eigen. Der Vorgang des Konsums beinhaltet dabei nicht nur den Erwerb und die Annahme des Konsumgutes (Information, Kauf, Tausch etc.), sondern auch die Bewertung, die Umgestaltung, die Umbenennung, die kulturelle Umwandlung sowie die Inkorporierung. Diese Gemeinschaften des Konsums entwickeln eigene Kodizes.

Meinungsbildung (M)
Die Meinungsbildung erfolgt durch soziales Handeln in der **Öffentlichkeit**. Produkte und Services werden angeeignet, indem sie beobachtet, besprochen, bewertet und kulturell umgewandelt werden. Dadurch erfolgt eine Meinungsbildung, die vom Unternehmenswillen zwar beeinflusst, letztendlich davon aber unabhängig ist.

Literatur

Albers, M. (2013). Ballast abwerfen. brand eins, 05/13, 134–137.
Bauman, Z. (2009). *Leben als Konsum*. Hamburg: Hamburger Edition.
Becker, T. (2013). Retrosexuell: Die Herrenkultur erlebt eine Renaissance. Mit ihr kehrt ein nostalgisch-konservatives Männlichkeitsideal zurück. *Kulturspiegel, 05,* 10–13.
Blom, P. (2013). *Der taumelnde Kontinent. Europa 1900–1914*. München: Carl Hanser.
de Certeau, M. (1988). *Kunst des Handelns*. Berlin: Merve.
Finke, B. (2014). Kulturwandel? Ach was! http://www.sueddeutsche.de/wirtschaft/finanzkonzerne-kulturwandel-ach-was-1.1935870. Zugegriffen: 13. April 2014.
Glissant, É. (2005). *Kultur und Identität. Ansätze zu einer Poetik der Vielheit*. Heidelberg: Wunderhorn.
Hahn, H. (2005). *Materielle Kultur. Eine Einführung*. Berlin: Reimer.

Han, B. (2005). *Hyperkulturalität. Kultur und Globalisierung*. Berlin: Merve.
Haug, W. F. (1971). *Kritik der Warenästhetik*. Frankfurt a. M.: Suhrkamp.
Honneth, A., Frost, R., & Jaeggi, R. (2007). Kolonien der Ökonomie. Ein Gespräch. http://www.polar-zeitschrift.de/polar_02.php?id=93Die. Zugegriffen: 8. Juni 2015.
Horkheimer, M., & Adorno, T. W. (1947). *Dialektik der Aufklärung*. Amsterdam: Querido.
Illouz, E. (2011). Emotion, Imagination und Konsum. Eine neue Forschungsaufgabe. In H. Drügh, C. Metz, & B. Weyand (Hrsg.), *Warenästhetik. Neue Perspektiven auf Konsum, Kultur und Kunst* (S. 47–91). Berlin: Suhrkamp.
Kehlmann, D. (2005). *Die Vermessung der Welt*. Reinbek bei Hamburg: Rowohlt.
Klein, N. (2001). *No Logo! Der Kampf der Global Players um Marktmacht. Ein Spiel mit vielen Verlierern und wenigen Gewinnern*. München: C. Bertelsmann.
Kuni, V. (2008). Happy Prosumer? Do-it-Yourself or Die 2.0. In R. Birgit & A. Ruhl (Hrsg.), *Konsumguerilla. Widerstand gegen Massenkultur?* (S. 97–116). Frankfurt a. M.: Campus
László, E. (2003). *Macroshift. Die Herausforderung*. Frankfurt a. M.: Insel.
László, E. (2005). *Wie kann ich die Welt verändern? Ein Report des Club of Budapest*. Berlin: Ullstein Taschenbuch.
Lüdtke, A. (1997). Alltagsgeschichte – Aneignung und Akteure. *WerkstattGeschichte, 17*, 83–92. (Ergebnisse Verlag, Hamburg).
Miegel, M. (2010). *Wohlstand ohne Wachstum*. München: Propyläen.
Prisching, M. (2008). Eigenes und Fremdes in der zweidimensionalen Gesellschaft. http://www.carinthische-dialoge.at/images/content/CD08%20-%20Prisching.pdf. Zugegriffen: 13. März 2015.
Richard, B., & Ruhl, A. (2008). *Konsumguerilla. Widerstand gegen Massenkultur?* Frankfurt a. M.: Campus.
Rifkin, J. (2000). *Access. Das Verschwinden des Eigentums. Warum wir weniger besitzen und mehr ausgeben werden*. Frankfurt a. M.: Campus.
Schulze, G. (2000). *Die Erlebnisgesellschaft: Kultursoziologie der Gegenwart*. Frankfurt a. M.: Campus.
Stoll, K. (2005). Translation als Kreolisierung. *Lebende Sprachen, 50*(4), 146–155 (Dez. 2013. De Gruyter, Berlin).
Ullrich, W. (2006). *Habenwollen. Wie funktioniert die Konsumkultur?* Frankfurt a. M.: S. Fischer.
Ullrich, W. (2013). *Alles nur Konsum. Kritik der warenästhetischen Erziehung*. Berlin: Wagenbach.
Willenbrock, H. (2014). Die Zeitreise. brand eins, 01/14, 80–84.

Weiterführende Literatur

Lévy-Strauss, C. (1973). *Das wilde Denken*. Frankfurt a. M.: Suhrkamp.
Lichtenberg, G. C. (1793–1796). Sudelbuch K. http://gutenberg.spiegel.de/buch/aphorismen-sudelbucher-6445/11 . Zugegriffen: 10. Nov. 2015.
Marx, K. (1859). *Das Kapital. Kritik der politischen Ökonomie*. Berlin: Dietz Verlag.
Sedlácek, T., & Orrell, D. (2013). *Bescheidenheit. Für eine neue Ökonomie*. München: Carl Hanser.

Erich Posselt hat die Marke zum zentralen Thema seiner Arbeit gemacht. Er beobachtet, berät, lehrt und lernt Marke. Er packt im Unternehmen dort an wo Marke verstanden und behandelt werden will. Dabei hält er sich von allzu engen Schubladen fern, forscht nach den immanenten Wertvorstellungen einer Marke und überführt sie in eine präzise, zeitgemäße und situative Interpretation. Sein Wissen bezieht er aus fundierten theoretischen und praktischen Kenntnissen. Seine Studien führten ihn von der Betriebswirtschaft, dem Marketing und Vertrieb über die Kommunikation hin zur direkten menschlichen Interaktion im Coaching. Seit mehr als 15 Jahren berät und unterstützt er nationale und internationale Unternehmen in Fragen der Markenführung, der Kommunikation sowie der Design-Strategie.

Fallbeispiele

Erich Posselt und Manfred Luckas

Inhaltsverzeichnis

2.1 Lonsdale: Die Mutter aller Verletzungen 24
2.2 Bionade: Flasche leer... 28
2.3 Nutella: Mein Nutella-Glas und ich 31
2.4 Überraschungsei: Schokolade, Spannung, Spiel... Community....... 34
2.5 Otto: Aneignung find' ich gut 37
2.6 Audi: Vorsprung durch Aneignung 39
2.7 Ikea: Pimp my Billy 42
Literatur 45

Die Bedeutung der Marke wird außerhalb des Einflussbereichs von Unternehmen verhandelt. Nicht Marketing- und Vertriebsabteilung oder Werbeagentur besitzen somit die Deutungshoheit, sondern sie loten sie zusammen mit Konsumenten und Öffentlichkeit aus. Diese Aneignung ist für die Instrumentarien des identitätsbasierten Ansatzes unsichtbar, weil ihre Wurzeln in der Regel in der individuellen Kunst liegen, eine Marke zu gebrauchen. Allein quantitativ ist sie somit zu Beginn nicht aufspürbar. Das markenführende Unternehmen wird deshalb überrascht und in die Defensive gezwungen, wenn die Aneignung eine kritische Masse erreicht.

Der autonome Konsument entscheidet, ob er die Marke Lonsdale beim Workout oder auf einer rechten Demonstration trägt. Er weiß dabei genau um die Bedeutung

---

E. Posselt (✉)
Erich Posselt Brand Coach, Frankfurt am Main, Deutschland
E-Mail: erichposselt@brandcoach.com

M. Luckas
Köln, Deutschland

der Marke in ihrem jeweiligen Kontext. Er entscheidet auch, ob er als Mann für die schönste Kandidatin eines Otto-Fotomodellwettbewerbs voten oder sich selbst eine Perücke aufsetzen und als Model teilnehmen möchte. Natürlich weiß er, dass er damit die Konventionen bricht und sein Spiel damit treibt. Der Kompositionstrieb ist eben nicht nur ein Privileg von Kreativagenturen, sondern ein genuiner Bestandteil der menschlichen Natur.

Aneignungen durch Konsumenten zirkulieren, sie kommen und gehen. Aufgabe für das markenführende Unternehmen ist es, sie zu entdecken, zu bewerten und konstruktiv mit ihnen umzugehen. Versteht man dabei die Marke als ein Wesen mit eigenständiger Persönlichkeit, ist die Konstitution der Persönlichkeit mitentscheidend für den Ausgang der Aneignung. Im Idealfall stärkt die zusätzliche Energie das Markenwesen, im Extremfall zerstört sie es. Die folgenden Beispiele zeigen, wie Waren zu persönlichen Gütern werden und welche Chancen und Risiken das birgt.

2.1 Lonsdale: Die Mutter aller Verletzungen

> Lonsdale ist ja eigentlich eine Sportmarke, aber trotzdem tragen es viele Rechte und Skins aus bestimmten Gründen. Leider ist es kein Klischee, sondern Realität, dass sich Szenen nun mal bestimmte Marken unter den Nagel reißen. Man muss ja nur mal die Augen auf der Straße aufmachen. Aber niemand denkt, wenn du ein Lonsdale-Shirt anhast, das du rechts bist, da ja das Gesamtbild Aufschlüsse darüber gibt, welche Szene du repräsentieren willst. (Antwort auf einem yahoo-Forum auf die Frage: „Ist Lonsdale wirklich so rechts?") (Abb. 2.1)

Aneignung bedeutet für die Marke, derer sich die Aneigner bemächtigen, erst einmal ein Risiko. Dieses Risiko birgt einerseits große Chancen und Potenziale, die Marke nachhaltig zu stärken, kann aber andererseits die Marke auch schwächen

Abb. 2.1 Die rechte Szene übernimmt die Deutungshoheit über die Marke Lonsdale. (Förster 2000)

und im schlimmsten Falle komplett entwerten. Die entscheidenden Fragen sind hier, wer sich die Marke aneignet und wie das Unternehmen darauf reagiert.

Ein aussagekräftiges Beispiel für fehlgeleitete Aneignung als Konsequenz eines vom Unternehmen lange Zeit nicht registrierten Aneignungsprozesses stellt die englische Marke Lonsdale dar. Die vor allem Boxsportfreunden bekannte Traditionsmarke wird in den 1980er-Jahren von Rechtsextremen, die der Skinhead-Szene entstammen, gekapert und kämpft seither mit den negativen Auswirkungen dieser feindlichen Übernahme. Deshalb lohnt hier eine genauere Betrachtung der Entwicklung von Lonsdale, ihrer ins Negative gewendeten nicht-intendierten Nutzung und der letztendlich vom Unternehmen ergriffenen Abwehrstrategien, um die Marke wieder mit positiven Inhalten und Bedeutungen zu füllen.

Die Wurzeln von Lonsdale reichen in der Person des fünften Earls of Lonsdale Hugh Lowther, eines großen Sport- und Boxsportenthusiasten, bis in das Ende des 19. Jahrhunderts zurück. Noch heute tragen die zu Ehren der englischen Box-Champions verliehenen Gürtel den Namen Lonsdale Belt. 1960 gewährt der siebte Earl of Lonsdale dem ehemaligen Profiboxer Bernard Hart das Recht, den Namen Lonsdale für Sportbekleidung und Ausrüstung zu verwenden. Schnell steigt die Marke zu einem der führenden Sportartikelhersteller Großbritanniens auf und entwickelt sich, nicht zuletzt dank werbewirksamer Boxgrößen wie Muhammad Ali, innerhalb einer Dekade zu einem Global Brand.

Parallel zu dieser Erfolgsgeschichte formiert sich der kulturelle Raum rund um die Marke Lonsdale ab den 1960er-Jahren neu. Die Skinheads betreten die subkulturelle Bühne und orientieren sich, kurzgeschoren und antibürgerlich, an der Kleidung und Ästhetik der Arbeiterklasse. Typische äußerliche Merkmale sind Hosenträger, Doc Martens-Stiefel, Fred Perry-Shirts und eben nicht zuletzt die Sportbekleidung der Marke Lonsdale.

Lange Zeit ausgesprochen unpolitisch, setzt Anfang der 1980er-Jahre die Politisierung und sehr schnell auch Ausdifferenzierung der Skinhead-Szene in verschiedene politische Lager ein. Obwohl es so folglich auch linke Skins gibt, fokussieren sich Medien und öffentliche Aufmerksamkeit auf die Skins mit rechter Gesinnung – und die tragen sehr gerne Kleidungsstücke der Marke Lonsdale. Schon bald bringt diese Form der Aneignung den Sportartikelhersteller in Verruf und der Begriff Lonsdale-Youth wird zum Synonym für vornehmlich rechte Skinheads. Spätestens zu diesem Zeitpunkt hätte das Unternehmen energisch intervenieren müssen, um die Deutungshoheit über die eigene Marke nicht völlig aus den eigenen Händen und in die falschen zu geben. Stattdessen geschieht in einer Mischung aus Ignoranz, Verstörung und fehlendem Interesse an einer wertegeleiteten Markenführung lange Zeit nichts.

Die Vereinnahmung von Lonsdale durch rechtsorientierte deutsche Skinheads verstärkt die negative Publicity noch um ein Vielfaches. Lonsdale ist für Rechtsextreme hierzulande deshalb so attraktiv, weil die Wortmarke die Lettern NSDA beinhaltet – also die ersten vier Buchstaben des Akronyms NSDAP – ohne dafür strafrechtlich belangt werden zu können. So erlangt Lonsdale in den 1980er und 1990er-Jahren über Großbritannien hinaus einen Bekanntheitsgrad, der wohl als reiner Sportartikelhersteller so nicht zu erreichen gewesen wäre. Der Preis ist jedoch sehr hoch: Die Bedeutungsänderung in Abwesenheit des Unternehmens prägt ein nachhaltiges Negativimage und löscht die historische Bedeutung der Marke fast gänzlich aus. Dieser Umstand begrenzt schlussendlich die Wachstumsmöglichkeiten der Marke. Um dem entgegenzuwirken und die Marke wieder positiv aufzuladen, beginnt sich Lonsdale Ende der 1990er-Jahre aktiv gegen die Vereinnahmung durch Rechtsextreme zur Wehr zu setzen. Diese späte Reaktion gipfelt 2003 in der Kampagne *Lonsdale loves all colours*, die dezidiert antirassistisch und antifaschistisch ausgerichtet ist. Man setzt für die gleichnamige Kollektion auf bunte Farben und kann als Testimonials u. a. den homosexuellen Komiker Dirk Bach und den farbigen Choreografen Detlef „D" Soost gewinnen. Sponsoring-Aktivitäten für eine afrikanische Freizeitfußballmannschaft oder den Christopher-Street-Day unterstreichen den nun ins Kosmopolitische gewendeten Akzent der Marke. Diese bewusste Neuausrichtung macht die Marke Lonsdale in rechten Kreisen relativ schnell deutlich unattraktiver und hilft so, die unliebsame Aneignung durch die unerwünschten Aneigner zu unterlaufen. Die Gründung der Marke Consdaple als Ersatz für das verlorene Identifikationssymbol kann als Reaktion auf diese Kampagne verstanden werden.

Die spät, aber dann mit Nachdruck lancierte Kampagne zeigt also die erhoffte Wirkung. Sie dokumentiert, dass Lonsdale, nicht zuletzt dank der tatkräftigen Unterstützung des deutschen Lizenznehmers Punch GmbH, endlich gewillt ist, den Verlust der Deutungshoheit über seine Marke nicht noch länger kampflos hinzunehmen. Andererseits bleibt die Beschädigung der Marke durch die dauerhaft vernachlässigte Beobachtung des kulturellen Raums eine Tatsache, mit der sich Lonsdale weiter wird auseinandersetzen müssen. Die Wiederaneignung durch den Markenhalter ist harte Arbeit und ein permanenter Prozess, die feindliche Übernahme durch die rechte Szene noch keinesfalls gänzlich aus dem Gedächtnis der Öffentlichkeit getilgt. Dessen eingedenk lautet das aktuelle Statement auf www.lonsdale.de unter dem Punkt Brand Activities: „Lonsdale engagiert sich in Sport und Gesellschaft. Im Sport bilden Boxen und Fußball einen besonderen Schwerpunkt. Hier liegen die Wurzeln der Marke. Bei den gesellschaftlichen Engagements steht der Kampf gegen Rassismus und Rechtsextremismus im Mittelpunkt. Denn unvergessen ist die Zeit, da Nazis glaubten, Lonsdale zu ihrem Erkennungszeichen machen zu können."

Als Vehikel dieser Neubesinnung dient nun vor allem die Unterstützung sog. „linker" Fußballvereine wie Roter Stern Leipzig oder die des Potsdamer Regionalligisten SV Babelsberg 03 (siehe dazu Müller 2014). Dass es den Markenverantwortlichen bei Lonsdale mit ihrem Engagement ernst ist, soll hier nicht in Frage ge-

2 Fallbeispiele

stellt werden. Dass eine Positionierung in der ideologischen Ecke, die der rechten Aneignung früherer Tage genau entgegengesetzt ist, der Marke auf Dauer gut tut, allerdings sehr wohl. Eine Rückbesinnung auf die o. g. Wurzeln der Marke wäre ohne ausdrücklich politischen Akzent – sei er nun dezidiert links verortet oder wo auch immer – sicher nicht weniger glaubwürdig. Sie käme ganz im Gegenteil etwas weniger plakativ daher und würde zudem einer erneuten, potenziell missbräuchlichen Vereinnahmung durch wen auch immer den Riegel vorschieben.

Lonsdale ist im Kontext der Aneignung deshalb ein so interessanter Fall, weil sich hier sehr eindrucksvoll zeigt, dass eine Marke, die lange Zeit nur unter ökonomischen Gesichtspunkten geführt wird, also auf dem kulturellen Auge blind ist, mittelfristig auch wirtschaftlich Schaden nimmt. Die ideelle Entkernung der Marke ist somit ein in vielfacher Hinsicht schwerwiegender Vorgang. Entsprechend verlangt eine negative Aneignung wie die hier geschilderte von dem jeweiligen Unternehmen eine ebenso wirksame wie glaubwürdige Strategie, die es dann zeitnah und entschlossen durchzusetzen gilt.

Lonsdale ist in diesem Zusammenhang jedoch kein Einzelfall. Auch andere angelsächsische Marken wie Ben Sherman, Fred Perry oder New Balance galten und gelten immer noch als Exponenten nicht-intendierter Nutzung durch rechtsextreme Kreise. Und auch sie brauchen lange und reagieren ähnlich diffus und zögerlich auf die unliebsame Aneignung wie Lonsdale. Fred Perry ist eine britische Marke, die von dem dreifachen Wimbledon-Sieger gleichen Namens 1947 gegründet wird. Die Polohemden mit dem Lorbeerkranz sind eine traditionelle Skinhead-Kultmarke und erfreuen sich, analog zu der Sportbekleidung von Lonsdale, anfänglich in einem breiten Szene-Spektrum großer Beliebtheit. Zu Beginn der 1990er-Jahre wird die Marke dann aber in Deutschland von Neonazis, die sich durch die schwarzen Polohemden mit dem weiß-roten Kragen an die Reichskriegsflagge erinnert fühlen, okkupiert. Auch bei Fred Perry ist kulturelle Blindheit lange Zeit an der Tagesordnung, bis sich der Geschäftsführer für Deutschland, Österreich und die Schweiz, Peter Friesenhahn, 1996 dazu entschließt, der Verletzung durch die rechte Szene aktiv entgegenzutreten. Neben der kritischen Sichtung und Reduzierung von Vertragshändlern sind antirassistische Aktionen und die Bekanntmachung der Tatsache, dass der Firmengründer jüdischen Glaubens war, Teil der Abwehrstrategie. Aber wie Lonsdale kann sich auch Fred Perry bis heute nicht gänzlich von der öffentlichen Wahrnehmung als „rechte" Marke lösen.

Ein jüngeres und letztes Beispiel für politisch negativ aufgeladene Aneignung stellt die amerikanische Laufschuhmarke New Balance dar. Sie wird 1906 von William J. Riley aus der Taufe gehoben und ist in der rechtsextremen Szene vor allem wegen des Buchstabens „N" auf dem Schuh, der als Abkürzung für „national" steht, beliebt. Das Unternehmen nimmt die rechte Vereinnahmung der Marke ebenfalls lange Zeit nicht zur Kenntnis und entscheidet sich darüber hinaus bewusst gegen kulturell verortete und inhaltlich ausgerichtete Abwehrmaßnahmen. Stattdessen setzt man in Deutschland auf eine „selektive Distributionsstrategie", die darauf basiert, Geschäfte mit potenziell rechter Klientel nicht mehr zu beliefern. Dass Kunden aus dem rechtsextremen Milieu die Schuhe auch im Kaufhaus bekommen können, ist der Firma dabei durchaus bewusst. Ob eine Strategie dieser Art Erfolg haben wird, darf bezweifelt werden. Verletzende Aneignung, gerade in einer politisch und gesellschaftlich so brisanten Form, ist ein kultureller Prozess, dem nur in einem kulturellen Raum wirksam begegnet werden kann. Hier greift die Fokussierung auf den Vertrieb viel zu kurz und kann durch die ideelle Abwesenheit des Unternehmens zu einer Deformation der Marke führen.

2.2 Bionade: Flasche leer…

> Die Marke „Bionade" ist nur noch eine Hülle, der Ausverkauf der Idee „Öko-Limo" ist nun komplett vollzogen. Die Bionade von heute hat mit den Ursprüngen leider nur noch wenig zu tun. Das ist gut fürs Geschäft und den Umsatz, aber schlecht für die Glaubwürdigkeit….
> Bionade jetzt ohne gutes Gewissen.
> Wie der erste Anteil 2003 verkauft wurde, das passte noch zum Bionade-Gründungsmythos und der Erzählung vom tapferen Kampf des Kleinen gegen die Großen. Damals stand Bionade vor der Insolvenz und konnte nur so gerettet werden. Der jetzt mit dem Verkauf formulierte Anspruch, eine internationale Marke werden zu wollen und der Abschied von der „kleinen Szene-Limo in Deutschland" passt halt zu dieser Erzählung nicht mehr. (Kommentare auf dem Forum von www.freitag.de aus dem Jahr 2009 zum Verkauf des 51 %-Anteils an Radeberger/Dr. Oetker) (Abb. 2.2)

Wie Wolfgang Ullrich im Kapitel *Gewissenswohlstand* seines Buches *Alles nur Konsum* (Ullrich 2013, S. 127 ff.) provokant zuspitzt, ist gutes Gewissen käuflich

Abb. 2.2 Durch den Einstieg der Radeberger-Gruppe in das Unternehmen verliert die Marke Bionade massiv an Glaubwürdigkeit und wird mit den Fragen der eigenen Kampagne konfrontiert. (Kolle Rebbe GmbH 2010)

geworden, leben immer mehr Marken, ja sogar ganze Branchen davon, Gewissen konfektioniert anzubieten. Eine Marke, die sich mit ihrer Gründung in diesem Umfeld kulturell konsequent positioniert hat, ist Bionade. Das einst subversiv beworbene „offizielle Getränk für eine bessere Welt" – als Gegenentwurf zu Red Bull als Brause des Bösen – steht jahrelang für eine eigene Produktkategorie an der Grenze zwischen Ethik und Konsum. Aneignung ist nicht nur ausdrücklich erwünscht, sondern konstitutiver Bestandteil des Verkaufsarguments. Die Marke verkörpert Identität und Authentizität und flößt den Aneigner-Konsumenten Vertrauen ein. Möglich wird dies durch einen ebenso glaubwürdigen wie stimmig kommunizierten Gründungsmythos, der sich im Nachhinein wie ein „modernes Wirtschaftsmärchen" (Bay 2012) liest.

In ihm spielen die Gründer Stephan und Peter Kowalsky sowie Schwiegervater Dieter Leipold die Hauptrolle. Der kämpft Mitte der 1990er-Jahre um das Überleben seiner kleinen Brauerei im fränkischen Ostheim an der Rhön. Kurz vor dem finanziellen Aus erfindet der Braumeister ein Fermentationsverfahren, das es erlaubt, Limonade wie Bier zu brauen, aber ohne Alkohol und gesünder als die zuckerreiche Konkurrenz (siehe Bay 2012).

Nach beträchtlichen Investitionen, zahllosen Niederschlägen und unvermeidlicher Wiederauferstehung – der Humus für jeden anständigen Gründungsmythos – gelingt der Durchbruch. Die innovative Limonade mit ihren ausgefallenen Geschmacksrichtungen erobert erst die Hamburger Szene und anschließend die gesamte Republik. Bionade wird zum Favoriten der ökologisch bewegten, urbanen Bohème, zum Destillat eines Zeitgeistes, dem die Haltung als Botschaft wichtiger ist als das Produkt. Peter Kowalsky ist Ökounternehmer des Jahres 2007, sein Unternehmen verkauft im selben Jahr 200 Mio. Flaschen. Bionade wird aber gleichzeitig immer noch als ideeller Hort des Widerstands wahrgenommen. Das Underdog-Image ist vital und hilft sogar, Coca Cola zu trotzen, dessen Übernahmeangebot Kowalsky ablehnt. Der Siegeszug aus der Bio-Nische hinein in die Mitte der Gesellschaft (siehe Ritzer 2013) ist eine Erfolgsgeschichte mit einem glaubwürdigen Plot, jeder Menge Spannung sowie interessanten Protagonisten. Die Marke, die Überzeugung abfüllt und verkauft, bietet mit ihrem Anspruch, ihrem Auftreten und Habitus eine positive Aneignungsfläche, die beherzt besetzt und genutzt wird. Bis zu diesem Punkt funktioniert die gute Geschichte einer besseren Welt, weil das Vertrauensverhältnis zwischen den Vertretern der kulturellen Verhandlung intakt ist und die Parameter stimmen.

Als sich der Öko-David jedoch anschickt, zum Goliath zu expandieren, wird alles anders, weil sich mit den ökonomischen auch die sensiblen ideellen Gewichte im Soziotop der Marke verschieben. Bionade kooperiert mit McDonald's, füllt sein Getränk in Plastikflaschen ab und beschädigt so seinen Ruf als Apologet nachhaltiger, moralischer Standards. Auch eine Preiserhöhung um 33 % im Sommer 2008 sorgt für Irritationen. Das Ende der guten Geschichte vom guten Öko-Limo-

Hersteller läutet 2009 ein neuer Eigentümer ein. Als der Mineralwasserproduzent Rhönsprudel seinen 51 %igen Anteil an der Bionade GmbH an die Radeberger-Gruppe verkauft, die wiederum zu Dr. Oetker gehört, wird Bionade zur Marke eines der größten deutschen Getränkehersteller: statt „33cl gegen innere Leere" nun weiteres Wachstum und Vertrieb über Discounter und Tankstellen. Aus dem politisch korrekten Kultgetränk für Individualisten und Nonkonformisten wird ein Massenprodukt, dem plötzlich Authentizität und Glaubwürdigkeit abhanden kommen. Die vormals begeisterten Aneigner fühlen sich vor den Kopf gestoßen, die exponiert vertretene moralische Verortung und Überhöhung von Bionade fällt nun mit Vehemenz auf die Marke zurück. Mit der Coca-Cola unter den Bio-Limonaden ist keine Identifikation mehr möglich, die Äußerung von Stephan Kowalsky, man habe „durch den Verkauf an Oetker nicht seine Seele verkauft", wird im Gegenteil als genau das wahrgenommen. In sozialen Netzwerken und Blogs machen Begriffe wie Verrat und Betrug die Runde, denn die Marke entzieht ihren Aneignern willentlich das Fundament, um ein Pixel im großen Bild zu werden, wie es Daniel Miller 2008 in seinem Buch *The Comfort of Things* formuliert.

Damit wird Bionade im vorliegenden Kontext zu einer Blaupause selbstverschuldeter Probleme. Wohlgemerkt von Problemen nicht nur in kultureller und markentechnischer, sondern ausdrücklich auch wirtschaftlicher Hinsicht. Denn mit der bewussten Aufgabe der Deutungshoheit über die eigene Marke sinken die Absatzzahlen drastisch. So macht die Bionade Holding im Jahr 2010 einen Verlust von 35,5 Mio. €[1].

Ist eine Marke wie Bionade erst einmal derart offenkundig beschädigt, wird ihre positive Wiederaneignung zu einem aufwendigen Unterfangen. Der Versuch, sich glaubwürdig neu zu erfinden, wird deshalb zu Recht kritisch beobachtet und kommentiert. Immerhin beendet Bionade die Zusammenarbeit mit McDonald's und fährt die internationale Expansion ebenfalls deutlich zurück. Anstelle des offiziellen Getränks für eine bessere Welt heißt es nun sehr neutral und ohne eine explizite Ethik der Metaphorisierung „Anders erfrischt besser". Und auch die Bio-Branche soll als Absatzmarkt wieder verstärkt in das kulturell und markentechnisch nachgeschärfte Blickfeld rücken.

Das Monopol auf „die schönste Geschichte von einer besseren Welt" (Bay 2012) verliert Bionade inzwischen allerdings an andere Hersteller von Gewissenswohlstand. Mit *Lemonaid* gibt es seit einiger Zeit eine neue Limonade aus fair gehandelten Früchten. Aus der Taufe gehoben in einer WG-Küche ehemaliger Entwicklungshelfer, wird sie mit zunehmendem Erfolg als „Revolution in Flaschen"

---

[1] http://www.handelsblatt.com/unternehmen/industrie/lammsbraeu-bionade-schwaechelt-und-die-konkurrenz-profitiert/6207298.html, letzter Aufruf 13.10.2015.

verkauft (Bay 2012). Die Diktion klingt dabei ebenso vertraut, wie der Gründungsmythos Parallelen zu den Bionade-Anfängen aufweist. Dazu passt auch die Selbstdarstellung des Unternehmens:

„Wir wollen nicht bloß Limonade verkaufen, um Euren Durst zu stillen. Wir haben das Projekt Lemonaid gegründet, um sozialen Wandel aktiv mit zu gestalten. Mit jeder Flasche Lemonaid wollen wir einen kleinen Beitrag leisten. Wir wollen trinkend die Welt verändern. Ein wenig jedenfalls."[2]

2.3 Nutella: Mein Nutella-Glas und ich

Schwelgen Sie in schönen Erinnerungen, die Sie mit Produkten von Ferrero verbinden. (Zitat aus dem Kapitel Markenhistorie auf www.ferrero.de)

Nutella Day has had a significant impact on the way Nutella is used in the world. Before World Nutella Day, using Nutella in recipes was practically unheard of. Through our extensive recipe list on NutellaDay.com, we've inspired people to experiment with Nutella and it's become a tradition for many families to cook with it as well as just dip their spoons in the jar. [Sarah Rosso auf www.nutelladay.com] (Abb. 2.3)

Man kann sich dem Phänomen Nutella auch auf der Sachebene nähern. Bei nüchterner Betrachtung besteht der süße Brotaufstrich aus dem Hause Ferrero aus Zucker, Pflanzenöl, gerösteten Haselnüssen, Kakao, Milchpulver, Sojalecithin und Vanillin. Er ist braun, hochkalorisch und von streichfester, cremiger Konsistenz. Entwickelt von dem italienischen Konditor Pietro Ferrero im Jahr 1940, ist Nutella heute weltweit vertreten und in Deutschland seit 1965 erhältlich. Seine marktbeherrschende

Abb. 2.3 Die Marke Nutella inspiriert zu eigenständigen Inszenierungen und nicht intendierten Interpretationen und Handlungen wie zum Beispiel den World Nutella Day. (Bedian 2010)

---
[2] http://www.lemon-aid.de/uber-uns/, letzter Aufruf am 13.10.2015.

Stellung manifestiert sich u. a. darin, dass der Name Nutella in der Alltagssprache als Pars pro toto für die gesamte Gattung der Nuss-Nougat-Cremes steht. Die Verdrängungsmacht im ökonomischen Raum, der immer auch ein kultureller ist, ist dabei so groß, dass sich die meisten Konkurrenzprodukte in der Namensgebung eng an das stilprägende Vorbild anlehnen: Nusstella, Nudossi, Nutoka etc. pp.

Verkauft wird das braune Gold – wir verlassen langsam die Sachebene – in dem bekannten, 1919 von dem italienischen Designer Lelo Cremonesi entworfenen, 400 Gramm-Glas. 400 g streichfähiges Glück in einem ikonografischen Behältnis bedeuten jede Menge Aneignungsfläche. Und es gibt viele Menschen, die diese Aneignungsfläche individuell nutzen, um ihrer Nutella-Vorliebe respektive Sucht Ausdruck zu verleihen. Wie diese Aneignungen im Detail aussehen, lässt sich besonders gut anhand sozialer Netzwerke nachvollziehen. Sie verdeutlichen sowohl in ihrer schieren Menge als auch ihrer kreativen Vielfalt, dass der paradigmatische Nuss-Nougat-Aufstrich längst den Weg vom Produkt zum Kulturbeitrag beschreitet.

Aneignung bedeutet hier also ganz konkret, die Marke zu überhöhen und mit Bedeutung aufzuladen und zwar in einer Art und Weise, die das Unternehmen Ferrero nicht unbedingt so geplant hat. Dabei wird „das erste Mal" oft geradezu als Erweckungserlebnis und Initiationsritus inszeniert, als Eintritt in die soziale Gemeinschaft derer, die sich mittels der süßen, braunen Masse gegen die Unbilden des feindlichen Lebens wappnen. Immer wieder begegnen in diesem Zusammenhang Bezüge zur eigenen Biografie, Nutella wird durch Geruch, Geschmack und Konsistenz zum sinnlichen Synonym für die eigene Kindheit. Das Hervorrufen schöner Erinnerungen, das einzige Paradies, aus dem wir nicht vertrieben werden können, liegt aber noch im Bereich der Nutzung, die Ferrero mit dem Kauf seines Produkts beabsichtigt.

Vor allem auf Plattformen wie *flickr.de* wird der Genuss von Nutella jedoch mit einem Akzent ins Bild gesetzt, der eher in Richtung nicht-intendierte Nutzung geht. Hier finden sich, wie Wolfgang Ullrich (2013, S. 162 f.) schreibt, „nicht selten sogar enthemmte Inszenierungen, mit denen Beschmutzungs- oder Kleckerphantasien ausgelebt werden. Paare beschmieren sich dann mit Nutella oder es wird von einer Toilettenbrille geschleckt." Diese manchmal regressiven, oft lustvoll-erotisch aufgeladenen Settings befinden sich in der Gesellschaft solcher, die der Marke auf kreative Art Komplexität verleihen. So hat ein User auf flickr ein Bild hochgeladen, das ihn inmitten einer Wand aufgeschichteter, teils gefüllter, teils ausgeschleckter, teils gesäuberter Nutella-Gläser zeigt. Sein Gesicht ist gänzlich mit Nutella eingerieben, der Deckel auf dem Kopf und der mit dem Etikett zugeklebte Mund vervollständigen das vieldeutige Szenario. Ist hier jemand, frei nach Huizinga, als Mensch nur da ganz Mensch, wo er spielt, oder schleichen sich in die scheinbar kindliche Freude an der Selbstdarstellung nicht vielleicht konsum- oder markenkritische Elemente ein?

Wie dem auch sei: Nicht nur der Betrachter, sondern auch Ferrero muss mit der Tatsache leben, dass in der Marke Nutella für viele Menschen Facetten verborgen liegen, die das Bild des familienfreundlichen Brotaufstrichs erweitern bzw. konterkarieren. Dazu wieder Ullrich (2013. S. 163): „Sofern dabei – wie im Falle des Nutella-Anhängers – komplizierte und problematische Verhältnisse zu einem Produkt zum Vorschein kommen, werden sich die Unternehmen entscheiden müssen: Nehmen Sie das als Hinweis auf eventuelle Defizite in ihrer Leistung oder Selbstdarstellung? Oder akzeptieren sie, ein ambivalentes, etwas düsteres Image zu besitzen?"

Eine Frage, die sich für Ferrero auch deshalb stellt, weil die schon mehrfach erwähnte Nutella-Sucht nicht nur als umgangssprachlich gewendete Begeisterung ihren Niederschlag findet. Vielmehr inszenieren sich viele Nutella-Einverleiber tatsächlich als Abhängige und Süchtige, die sich die braune, zähflüssige Essenz wie Junkies mittels Spritze und Löffel zuführen. An dieser Stelle führt die digitalisiert ins Bild gesetzte Aneignung zu einer Transformation des Markenimages. Sie unterminiert die Deutungshoheit von Ferrero und müsste eine entsprechende Reaktion des Unternehmens – z. B. eine Thematisierung genereller Suchtproblematik – provozieren. Dass Ferrero einer derartigen Zuspitzung durch eine 2006 lancierte Werbekampagne selber den Boden bereitet, macht die glaubwürdige Stellungnahme jedoch kompliziert. Auf besagtem Bild ist eine Frau mit Nutella-beschmiertem Mund zu sehen, die das Nutella-Glas am äußersten Rand eines ansonsten leeren Tisches obsessiv fixiert. Die Aussage ist zwar vieldeutig, der dem Produkt oft unterstellten Verführungskraft wohnt aber ein unangenehmer Beigeschmack inne. Fehlinterpretationen und für das markenführende Unternehmen missliebige Formen der Aneignung können die Folge sein.

Eine offensichtlich sehr positiv gemeinte und zweifelsohne affirmative Form der Aneignung stellt der World Nutella Day dar. Er wird 2007 von der amerikanischen Bloggerin Sara Rosso ins Leben gerufen „to celebrate Italy's edible treasure with online and offline tributes" und um Rezepte zu teilen. Für diese Idee, im Verbund mit dem Feiertag am 5. Februar, scheint damals die Zeit gekommen zu sein, wie die große Resonanz auf die Facebook-Seite bzw. auf die Webseite nutelladay.com eindrucksvoll beweist.

Diese passionierte Aneignung stößt jedoch auf Unternehmensseite auf keine große Gegenliebe. Ganz im Gegenteil ist die Angst von Ferrero, die Deutungshoheit und damit die Kontrolle über seine Marke zu verlieren, so groß, dass Sara Rosso massive juristische Konsequenzen angedroht werden, wäre sie nicht bereit, ihre pro-Nutella Web-Präsenz aufzugeben. Der ernste Vorwurf lautet, von den Markenrechten und dem geistigen Eigentum von Ferrero unautorisiert Gebrauch zu machen. Die Chance, die sich aus dieser positiven Form von Emergenz für Ferrero ergibt – „The should be paying you!" – wird von Ferrero nicht gesehen, wohlmeinende Kreativität als Angriff interpretiert. Erst nach einem nachdrücklich artikulierten Backlash der engagierten Community – „Nutella ... more nuts in company management than in every jar" – lenkt das Unternehmen ein und zieht die aggressive Kampagne gegen ihren größten Fan zurück. Damit wird die soziale Einbettung der Marke in ein Umfeld, das das Unternehmen weder steuern kann noch sollte, scheinbar widerwillig akzeptiert. Ein „Nutella-Fluch" im Social Media-Gewand kann so gerade noch verhindert werden.

2.4 Überraschungsei: Schokolade, Spannung, Spiel... Community

> Ein universales und unendlich verständliches System ist das Überraschungsei und sein Inhalt. Die globale kapitalistische Metapher auf das Subjekt, das nicht eins werden will. (Seeßlen 2001, www.freitag.de)
> Das geilste Ei der Welt. (Posting auf der Ü-Ei-Facebook-Seite) (Abb. 2.4)

Kinder-Überraschung, in Deutschland vor allem als Überraschungsei oder kurz als Ü-Ei bekannt, ist wie Nutella ein Produkt aus dem Hause Ferrero. Ähnlich wie Nutella, das als Pars pro toto für die Gattung der Nuss-Nougat-Cremes steht, ist das Überraschungsei die Mutter aller Süßwaren, in die ein nicht essbares Objekt

Abb. 2.4 Neben Spannung, Spielen und Schokolade spricht das Ü-Ei auch die Sammelleidenschaft Erwachsener an. Um nichtintendierte Nutzung des Sammelns und Tauschens entsteht eine unabhängige Gemeinschaft. (Eigene Abbildung, 2014)

eingeschlossen ist. Das Ei besteht aus 20 Gramm Schokolade in Form einer zweilagigen Hülle, die außen braun und innen weiß ist. Im Innern des Eis befindet sich dann das eigentliche Objekt der Begierde: eine in einer ebenfalls eiförmigen, meist gelben Plastikverpackung verborgene Figur bzw. ein Spielzeugschnellbausatz.

Fünf Jahre nach seiner Markteinführung 1974 führt das Überraschungsei bereits ein Doppelleben als Teil bunter Kinderkultur einerseits und ausdifferenzierter Sammelleidenschaft der Erwachsenen andererseits. Die Okkupation dieses zweiten Marktes geht eher schleichend und vorerst wenig geplant vor sich, nimmt dann aber Fahrt auf und wird zu einer Tauschbörse, auf der die begehrten Objekte oft zu deutlich überhöhten Preisen angeboten werden und damit handfesten pekuniären Interessen in die Hände spielen. Ferrero bringt jedes Jahr rund 20 neue Figurenserien und etwa 150 Spielzeuge zum Zusammenbauen auf den Ü-Ei-Markt. Die weltweit größte Börse für die zahllosen Sammler findet viermal jährlich im hessischen Dreieich statt.

Georg Seeßlen betont in seinem Essay von 2001, für das Überraschungsei sei die Gleichrangigkeit der zwei Genüsse Konsumieren und Besitzen konstitutiv. Es verbindet beide in einem Ritual, dessen psychologische Tiefenstruktur jeder versteht, der einmal einen Überraschungsei-süchtigen Menschen beim Entwickeln seines Geschenks beobachtet hat. Dieses Ei scheint ihm ein lebendiger Organismus zu sein, dem er zur Geburt eines ganz persönlich für ihn bestimmten Wesens verhilft. Dieses Entpacken in mehreren Schichten stellt die Verlängerung des Rituals mit drei sehr distinkten Geräuschen dar: dem Knistern der Aluminiumfolie, dem Knacken des Schokolade-Eies sowie dem alles entscheidenden Plop, mit dem das innere Gehäuse geöffnet wird, um die wahre Überraschung freizugeben. Im, am und um das Ü-Ei herum finden sich also jede Menge Aneignungsflächen, die es haptisch und mental zu bearbeiten bzw. zu besetzen gilt. Dem Impuls, das Ü-Ei als Ganzes zu verschlingen und die Aneignung so im Wortsinne zum archaischen Akt der Einverleibung zu machen, wird glücklicherweise nur selten nachgegeben.

Wie das Beispiel Kinderüberraschung von Ferrero wieder einmal zeigt, sind Aneignung und Konsumentenautonomie nicht voneinander zu trennen und nehmen auf die Marke Einfluss, ohne dass das Unternehmen vorher gefragt würde. Rund um das Versprechen Spannung, Spiel und Schokolade hat sich eine ansehnliche Sammlergemeinde etabliert, für die das Primärprodukt Schokolade schon lange keine Rolle mehr spielt. Zweiter Markt und zweite Produktion sind die dominanten Faktoren im Ü-Ei-Kosmos. Dabei erstreckt sich die Sammelleidenschaft auch auf alle weiteren Devotionalien rund um das Überraschungsei, seien es nun z. B. Dioramen oder mitunter sogar Verkaufsunterlagen des Vertriebs. Vollkommen unabhängig von Ferrero ist also eine Gemeinschaft entstanden, der es ausschließlich um das Sammeln von Figuren geht. Auf der Basis der Studie, die Eva Helmers 2005 veröffentlicht hat, stellt Sammeln ein ästhetisches Verhalten dar. Und auf den entsprechenden Börsen werden zusammen mit den Figuren natürlich auch andere Dinge verhandelt, ist doch Tausch immer zugleich Kommunikation, sind Börsen wie Märkte und Marken Gespräche. Das Unternehmen Ferrero wehrt sich in den vergangenen Jahren jedoch mehrfach gerichtlich dagegen, dass die Sammler mit den Markenelementen, Farben und Formen des Ü-Eies auf ihre Börsen aufmerksam machen. Dennoch zeitigt diese spezielle Form der Aneignung für die Marke ohne Zweifel positive Effekte. Dies gilt allerdings nicht nur in wirtschaftlicher Hinsicht, denn sowohl die Pflege der Editionen als auch die wertmäßige Überhöhung bestimmter Figuren, die teilweise mehrere hundert Euro kosten, unterstützen den Fortbestand der Marke. Sie spielt damit auf lange Sicht vielmehr eine wichtige Rolle im Leben der Sammler und wird so in deren gesellschaftliches und kulturelles Koordinatensystem integriert. Mittlerweile akzeptiert Ferrero diese Tatsache und bindet die nicht-intendierte Nutzung der Ü-Eier in die eigene Markenstrategie ein.

Dass sich das scheinbar harmlose Phänomen Ü-Ei im kulturellen Raum als äußerst vielschichtig darstellt und zu ständiger Positionierung zwingt, zeigt auch die Reaktion auf die Einführung des rosafarbenen Überraschungseies für Mädchen. Beworben mit dem Claim „Ei love rosa", kann der weibliche Nachwuchs nach dem Knacken des Corpus delicti mit Figuren der TV-Serie WinX-Club spielen. Den langhaarigen, langbeinigen und mit Hotpants und Miniröcken bekleideten dünnen Feenpüppchen hafte, so die Kritik, ein stark sexualisiertes Image an, das nicht kindgerecht sei und ein stereotypes Frauenbild beförderte. Die Hamburger Genderforscherin Stevie Schmiedel spricht in diesem Zusammenhang von Gender-Apartheid und lanciert im Frühjahr 2012 die Kampagne Pinkstinks gegen die sog. Pinkifizierung der Spielzeuge. Damit befindet sich Ferrero samt Überraschungsei – bis dato eher als ein Paradigma der Coziness verortet – auf einmal inmitten einer selbstprovozierten kulturellen Verhandlung. Das Unternehmen wiegelt die o. g. Vorwürfe ab, vermeidet es jedoch, sich öffentlich mit Vertretern von Pinkstinks zu streiten. Der Marktforscher Axel Dammler, der für Ferrero arbeitet, kritisiert im Gegenzug die Kontrahenten des seines Erachtens mädchengerechten rosa Eies: „Auch wenn die Unternehmen bewusst genderspezifische Produkte anbieten, sollte man nicht immer gleich die ideologische Keule herausholen" (Keßler 2012).

Ferrero findet für das Problem eine elegante Lösung. Mit der Werbekampagne für die problembehaftete Produktneuheit verschwinden peu à peu auch die rosa Eier vom Markt und sind Ende des Jahres 2012 kaum noch in den Geschäften zu finden. Endgültig verdrängt werden sie dann durch die bedeutend unverfänglicheren Weihnachtseier, deren Figuren und Spielzeugbausätze sich wieder bestens als Aneignungsobjekte für die vielen Sammler eignen.

2.5 Otto: Aneignung find' ich gut

Glückwunsch an die PR- bzw. Marketingprofis bei OTTO. (Userin auf der Facebook-Seite von OTTO)
Ein Konzern steht zu seinem Wort. Hut ab. Ich finde es Klasse, dass Brigitte jetzt Front „frau" wird...und OTTO wird dadurch sicher auch keinen Kunden verlieren. (Userin auf der Facebook-Seite von OTTO) (Abb. 2.5)

Als Mann in Frauenkleidern gewinnt der Student Sascha Mörs alias „Der Brigitte" im November 2010 überraschend den Facebook-Model-Contest des Distanzhändlers und löst damit online wie offline ein breites Medienecho aus. Statt einen Rückzieher zu machen oder Abwehrstrategien gegen diesen Aneignungsversuch zu entwickeln, nimmt OTTO das Votum seiner Community ernst. Der Konzern reagiert souverän und gewährt der „Siegerin" das verdiente Fotoshooting.

Als das OTTO-Facebook-Team am 15. November 2010 den Aufruf zum Modelcontest von OTTO auf seiner Facebook-Fanpage startet, sind die Konsequenzen nicht im Ansatz vorauszusehen. Die Idee besteht darin, zwei Wochen lang per Voting das neue Gesicht für die eigene Facebook-Fanpage des Unternehmens zu suchen. Jedes Facebook-Mitglied kann daran teilnehmen und über den *Gefällt mir-Button* für seinen Favoriten stimmen. Als Preis wird dem Gewinner ein Fotoshooting, ein Einkaufsgutschein im Wert von 400 € sowie die Möglichkeit, für zwei Wochen das Gesicht der OTTO-Fanseite auf Facebook zu sein, in Aussicht gestellt.

Insgesamt beteiligen sich fast 50.000 Teilnehmer an dem Social Media-Wettbewerb und laden ihre entsprechenden Bilder und Porträts auf den Server. Innerhalb von nur zehn Tagen klicken 1,2 Mio. Facebook-Nutzer den *Like Button* für ihre Favoriten. Allen Erwartungen zum Trotz begeistert sich die Mehrzahl von ihnen, und zwar mit insgesamt 23.000 Votes, für einen jungen Mann mit blonder Perü-

Abb. 2.5 Das Spiel mit der Aneignung ist keine Einbahnstraße. Otto greift den Impuls der Community auf und verstärkt damit Attraktivität und Aktualität der Marke. (Otto 2012)

cke, grell geschminkten Lippen und roter Federboa. „Der Brigitte", ein 22-jähriger BWL-Student aus Koblenz, erringt in Frauenkleidern den Sieg und sorgt damit für eine lebhafte Diskussion unter den Online-Teilnehmern, aber auch außerhalb der einschlägigen sozialen Netzwerke (siehe dazu OTTO Unternehmenskommunikation 2012).

Thomas Voigt, seines Zeichens Direktor Wirtschaftspolitik und Kommunikation des Konzerns, begrüßt die positive Resonanz auf den Wettbewerb und erkennt sofort das ihm innewohnende subversive Potenzial als Chance für die Marke OTTO. Die Aktion nimmt sehr schnell virale Ausmaße an und die OTTO-Fangemeinde auf Facebook wächst täglich um mehr als 10.000 Fans auf letztendlich 163.000. Der enorme Zuspruch sorgt sogar dafür, dass die OTTO-Server unter dem großen Ansturm der Teilnehmer zusammenbrechen und der Model-Contest, dessen Laufzeit ursprünglich auf den 15. bis 29. November terminiert ist, am 22. November vorzeitig abgebrochen werden muss.

Aus dem anfänglichen Spaß des Koblenzer Studenten ist so ein Social Media-Phänomen geworden, dessen Wirkmächtigkeit auch auf die klassischen Medien ausstrahlt. Um dem Rechnung zu tragen, lädt OTTO deshalb zum Gewinnershooting am 8. Dezember 2010 neben Sascha auch zahlreiche Medienvertreter ein. In den OTTO-Fotostudios können sie die gelungene Metamorphose vom Studenten zum Social Media-Star „Der Brigitte", der sich anschickt, das Gesicht von OTTO bei Facebook zu werden, live verfolgen.

Der Beifall für den Ausgang des Wettbewerbs ist allerdings nicht ungeteilt. Da sich im Social Media-Zeitalter der Dialog im Web immer mehr zum Polylog ohne Gatekeeper entwickelt, sind auf der Facebook-Fanpage von OTTO auch missgünstige Stimmen zu vernehmen. „Anders als mancher Facebook-Fan vielleicht erwartet hätte, haben wir, trotz des auch für uns überraschenden Ausgangs des Wettbewerbs, keinen Rückzieher aus Image-Gründen gemacht", erläutert Thomas Voigt (OTTO Unternehmenskommunikation 2012). OTTO hält sich vielmehr an die selbst gestalteten Wettbewerbsregeln, steht zu seinem Wort und macht „Der Brigitte" tatsächlich zum Facebook-Gesicht des Unternehmens.

Der Fall Brigitte zeigt deutlich, wie schnell Social Media-Aktivitäten von Unternehmen eine starke Aneignungsdynamik entwickeln können, auf die die Initiatoren letztlich kaum noch Einfluss haben. Diese nicht-intendierte Nutzung zuzulassen und für die eigene Marke als Energiequelle einzubinden, stellt die große Herausforderung dar. Die Autonomie der Community ist dabei nicht verhandelbar. „Das Votum der User ernst zu nehmen war uns besonders wichtig", erläutert Thomas Voigt denn auch das klare Bekenntnis des Konzerns zum unerwarteten Sieger.

Dieser markentechnisch souveräne Umgang mit der besonderen Situation und den Grenzen der Deutungshoheit zeigt, dass sich die Markenverantwortlichen von OTTO als solidarische Community Manager gerieren, die den kontrollierten Kontrollverlust beherrschen. Beim renommierten Econ-Award, den der Verlag gleichen Namens gemeinsam mit der Tageszeitung Handelsblatt vergibt, hat OTTO 2011 deshalb mit *Der Brigitte* die Auszeichnung in Gold für herausragende und innovative Leistungen in der Unternehmenskommunikation erhalten. Neben der Erfahrung, einmal im Rampenlicht der sozialen Medien zu stehen, bietet OTTO dem Protagonisten Sascha im Nachgang zudem die Chance, als Praktikant in den Bereichen Unternehmenskommunikation und Neue Medien zu arbeiten – eine positive Vereinnahmung und produktive Aneignung des co-kreativen Aneigners.

Ähnlich wie Audi besitzen die Hamburger ebenfalls eine über Jahre gewachsene hohe Online-Affinität. Parallel zum Beginn seiner E-Commerce-Aktivitäten mit dem Aufbau des vielfach prämierten Onlineshops otto.de hat OTTO immer zugleich auch den kulturellen Raum formatiert, in dem das Unternehmen agiert und kommuniziert. Sichtbare Konsequenz dieser Verortung ist der – nomen est omen – über die Corporate Website zugängliche Social Media Room als virtuelles Lagerfeuer des Markendiskurses. Neben der Präsenz auf Facebook und Twitter findet sich hier u. a. auch der Mode-Blog Two for Fashion. Dies stellt eine markentechnisch glaubwürdige Umsetzung der Maxime dar, die OTTO in seinem Unternehmensprofil formuliert: „Wir hören zu, fragen nach und erfahren unmittelbar und authentisch, welche Bedürfnisse unsere Kunden haben." Bedürfnisse wohlgemerkt, die sich nicht nur ökonomisch, sondern – quod erat demonstrandum - ausdrücklich kulturell artikulieren und Handlungsspielräume einfordern.

2.6 Audi: Vorsprung durch Aneignung

Der Faktor Mensch ist entscheidend, denn Menschen machen Marke.
Unsere Markenidentität ist die Basis für all unser Tun und Handeln.
(Sven Schuwirth, Leiter Marken- und Vertriebsentwicklung, Ingolstadt) (Abb. 2.6)

Christopher Fuchs ist hauptberuflich Grafikdesign-Student und nebenberuflich Audi-Fan. In seiner Freizeit malt er Bilder von Audi-Modellen, die er seit Mai 2013 auch auf seiner eigenen Facebook-Seite veröffentlicht. Knapp einen Monat nach seinem Beitritt zu dem globalen sozialen Netzwerk folgt die große Überraschung: Der Autobauer mit den vier Ringen fragt per E-Mail nach, ob er einige Bilder aus dem Audi Artwork-Fundus von Fuchs auf seinen Facebook-Seiten veröffentlichen dürfe. Fuchs sagt spontan zu, denn alleine die Seite von Audi Deutschland hat zu dieser Zeit über 900.000 Fans. Dort kommt seine Zeichnung eines Audi A7 in wenigen Tagen auf 6500 Likes und wird 241 Mal geteilt (siehe Schmidt und Heckendorf 2013). Eine solche Resonanz ist nicht nur für den Studenten ein riesiger Erfolg. „Natürlich möchten wir die Fans damit an die Marke binden", sagt

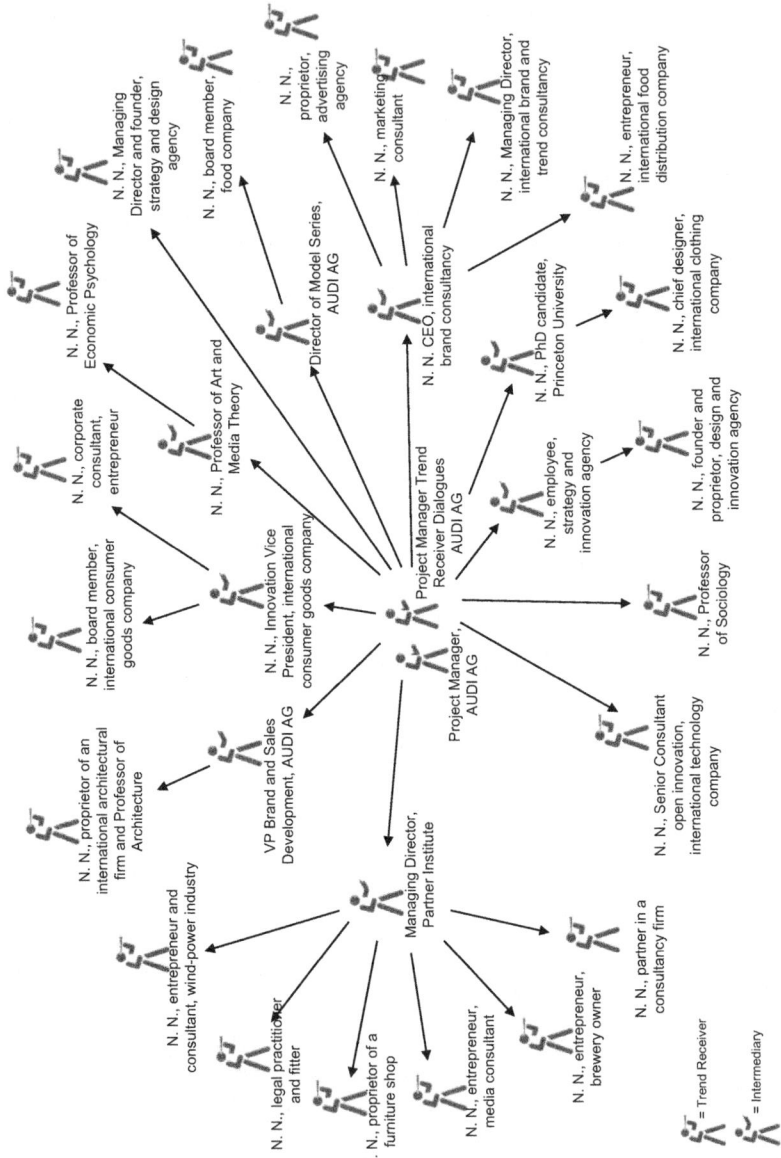

Abb. 2.6 Es braucht die richtigen Antennen, um aus dem großen Rauschen die richtigen Signale zu filtern und die Visionskraft zu verstärken. Audi setzt auf Trend Receiver. (Hofmann 2014)

2 Fallbeispiele

Sven Schuwirth, Leiter der Marken- und Vertriebsentwicklung bei Audi. Und Christopher Fuchs betont: „Es ist toll, wenn eines deiner Lieblingsunternehmen deine Arbeit schätzt" (Schmidt und Heckendorf 2013).

In der Zentrale in Ingolstadt arbeiten etwa 20 Mitarbeiter am digitalen Profil des Konzerns und damit an der Möglichkeit, Aneignungstendenzen über Social Media in Echtzeit zu beobachten und darauf zu reagieren. Sie beantworten Kundenanfragen, posten Fotos, konzipieren Gewinnspiele und recherchieren im Internet nach Inhalten über Audi. Im Moment läuft das digitale Gewinnspiel one million reasons, mit dem die Marke bei Facebook Deutschland die Grenze von einer Million Fans überschreiten will. Die Idee: Nutzer sollen online berichten, warum sie von Audi fasziniert sind. Die Sieger gewinnen, ganz real und offline, eine Spritztour mit einem Audi R8. „Wir möchten jeden Kunden zum Fan machen", sagt Sven Schuwirth von Audi, „und umgekehrt auch jeden Fan zu einem unserer Kunden" (Schmidt und Heckendorf 2013). Aneignung wird also bei Audi positiv verstanden und im Kontext der Kundenbindung sowie eines modifizierten Konsumentenbegriffs für die Stärkung der Markenidentität nutzbar gemacht.

Um der Markenidentität auf der Spur zu bleiben, hat Audi, ein besonderes Erhebungsmodell entwickelt. Es ist in der Lage, das komplexe Verhältnis zwischen Marke und Käufer durch eine Mischung unterschiedlicher Forschungsmethoden und -ziele adäquat zu erfassen. Den ersten Teil des dreigliedrigen Konzepts stellen quantitative Studien dar, die Kaufgründe, Markenwahrnehmung und soziodemografische Faktoren verzeichnen. Audi greift dabei auf die Erkenntnisse aus über 1,3 Mio. Interviews zurück, die jährlich geführt werden. Das Unternehmen versucht, mit der direkten und intensiven Befragung seiner Kunden zu einem besseren Verständnis der eigenen Marke im kulturellen Raum der Zielgruppen zu gelangen. Die mehrstündigen Interviews, die bei den Kunden zu Hause geführt und fotografisch begleitet werden, eruieren u. a. deren Lebensumstände und persönliches Umfeld – Menschen machen Marken.

Die qualitativen Studien widmen sich den Lebenswelten der Kunden und ihrer individuellen Produktnutzung, aber auch der Audi-Markenwahrnehmung in verschiedenen Ländern sowie Trendstudien. Untersucht wird dabei nicht nur die eigene Marke, sondern auch das Zusammenspiel mit und die Querbezüge zu anderen Marken. Die Marke aus ihrer isolierten Betrachtung zu lösen und in einen Kontext zu stellen – Welche Musik hört der A3 Sportsback-Fahrer? Für welche Medien interessiert er sich? – ist eine kulturelle Leistung und wird bei Audi auch ausdrücklich so verstanden. In dem Moment, in dem Audi den kulturellen Raum seiner Kunden betritt, zeigt das Unternehmen, dass es sie als Verhandlungspartner ernst nimmt. Von seinen Kunden etwas über die eigene Marke lernen zu wollen, ist deshalb ein wesentlicher Bestandteil der kulturellen Verhandlung.

Ergänzt wird dieses vielschichtige Modell um den innovativen Ansatz der Trend Receiver. Trend Receiver sind per definitionem in der Lage, Trends und gesellschaftliche Veränderungen frühzeitig zu erkennen und im Sinne der Bedeutung für die Marke zu interpretieren. Dahinter steht die Idee, dass das Unternehmen durch die Zusammenarbeit mit diesen Markenavantgardisten direkt und ohne mediale Reibungsverluste wichtige Anhaltspunkte für die eigene Geschäftspolitik und Markenführung erhält. Trend Receiver sind explizit keine professionell agierenden Trendforscher, die mit ihren Prognosen kommerzielle Interessen verfolgen, sondern eher objektiv und an der Sache selbst interessierte Agenten des Neuen.

Kraft dieser intelligenten Strategie auf der Basis beträchtlicher Investitionen sichert sich der Autohersteller einen entscheidenden Vorsprung in Hinblick auf künftige Entwicklungen. Setzt eine Aneignungstendenz ein, wird sie aufgespürt und in das neue Produkt integriert, bevor Außenstehende es überhaupt bemerken können. Die Räume der Markenentstehung werden hier gekonnt in das Unternehmen zurückgeholt, das so die Deutungshoheit über seine Marke behält. Die Tatsache, dass das Neue durch Menschen kommt, wird von Audi als Energiequelle genutzt, um die Markenidentität zu stärken.

2.7   Ikea: Pimp my Billy

> Ich bin enttäuscht, dass Ikea die Arbeit von Fans kaum ernst nimmt. Nicht nur meine, sondern die aller Bastler, die zu Ikeahackers beigetragen haben.
> (Jules Yap, Betreiberin der Fansite Ikeahackers.net, im Juni 2014)
> So, wie Ikea mit der Situation umgegangen ist, empfinde ich nun noch mehr Liebe für die Marke als vorher.
> (Jules Yap, Betreiberin der Fansite Ikeahackers.net, im Dezember 2014) (Abb. 2.7)

Seit 2006 betreibt Jules Yap die Seite Ikeahackers.net, auf der kreative Fans und Bastler der Community zeigen, auf welche Art und Weise Ikea-Möbel verändert und konfiguriert werden können. Die Idee der Website knüpft hier unmittelbar an das sog. Ikea-Prinzip an, welches das selbstständige Zusammenbauen der Möbel – auch unter dem Euphemismus „Do-It-Yourself-Erlebnis" bekannt – zum entscheidenden Movens der Kundenbindung macht. Die Möglichkeit, Möbeln selbst in eng vorgegebenen Grenzen eine eigene Handschrift zu verleihen, führt als Konsequenz schon in die individuelle Ausgestaltung des eigenen Lebensentwurfs und damit in die Sphäre der ideellen Wertschöpfung hinein.

Jules Yap heißt eigentlich Yap Mei Mei und will ihren Vornamen Jules, den sie für ihre Bloggerin-Existenz benutzt, als Hommage an den Ikea-Stuhl gleichen Namens verstanden wissen. Auf ihrer Website hat sie bis Anfang 2014 rund 4000 Ikea-Hacks von ebenso vielen enthusiastischen Bricoleurs gesammelt (Beuth

2014). Dann erhält sie im März 2014 eine Unterlassungsanordnung aus der Ikea-Firmenzentrale, in der u. a. moniert wird, dass Jules Yap ohne Einverständnis des Unternehmens mit einer Domain arbeite, die explizit auf das Ikea-Markenzeichen verweise. Damit nutze sie „das Markenzeichen auf unfaire Weise für eigene kommerzielle Zwecke".

Die Tatsache, dass Ikea auf die werbefinanzierte Seite der Vollzeit-Bloggerin, die damit Rendite abführt, unmissverständlich reagiert und entsprechend auf seine Markenrechte pocht, provoziert ein außerordentliches mediales Echo. Die Community geht auf die digitalen Barrikaden, bietet dem schwedischen Mutterhaus die Stirn und solidarisiert sich mit Jules Yap. Im Mittelpunkt der Kritik steht das

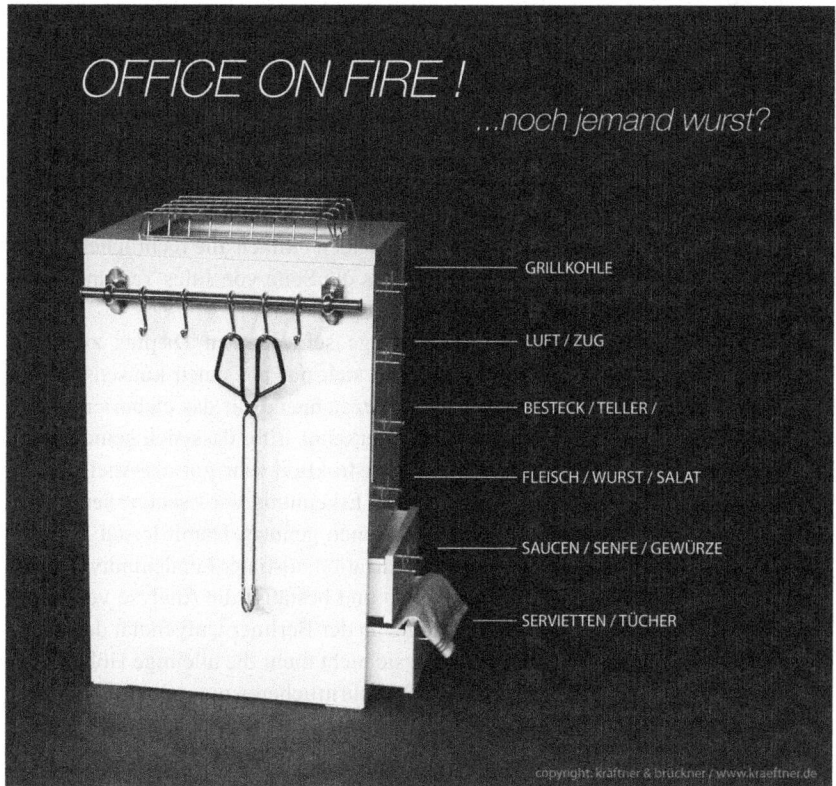

Abb. 2.7 Zum Konsum gehört die Aneignung. Zur Aneignung gehört die Transformation. Die Beobachtung dieser Vorgänge liefern Impulse für Innovation und Aktualität der Marke. (Kräftner und Brückner 2014)

Unverständnis darüber, dass Ikea sofort die Androhung juristischer Schritte ins Feld führt, ohne vorher das Gespräch mit der Betreiberin aus Malaysia gesucht zu haben, die für alle offensichtlich auf der Seite von Ikea steht. Äußerungen wie „Ich bin sehr enttäuscht, dass Ikea es nicht verstanden hat, was für eine große Chance es gewesen wäre, sich diese Seite als Partner ins Boot zu holen" (Halberschmidt 2014) sind in diesem Kontext exemplarisch.

Ein deutlich moderateres mediales Echo stellt sich einige Monate später ein, als Ikea, im Nachgang des ungebrochen energischen Yap-Supports, tatsächlich das Gespräch mit der Bloggerin sucht. Und nicht nur das. Auf Kosten des Konzerns wird sie zu einem formlosen Meeting nach Älmhult eingeladen, wo Ingvar Kamprad 1958 den ersten Ikea-Laden eröffnete. In den Niederlanden trifft sie ein Ikea-Designerteam und schließlich auch Torbjörn Lööf, den CEO von Inter Ikea Systems. Im Laufe ihrer Unterhaltung wird eine Einigung darüber erzielt, dass Ikeahackers.net in der jetzigen Form als unabhängige Fan-Seite bestehen bleiben kann, solange es keine Postings auf der Seite gibt, die der Marke Ikea schaden. Damit formuliert Ikea eine Bedingung, die dem freien Schalten und Walten des vormaligen Hackerglücks Grenzen setzt. Wer bestimmt, was schadet? Wie sähe dieser Schaden im Einzelfall aus? Welche Konsequenzen ergäben sich z. B. aus dem Verlust einer potenziellen Produktinnovation, die das Unternehmen lieber selbst umgesetzt hätte? Anderseits hätte Ikea natürlich auch einfach alle rechtlichen Mittel ausschöpfen und darauf bestehen können, dass die Seite von Jules Yap unter dem Namen ikeahackers nicht mehr geführt werden darf.

Die konstruktive Handhabung dieses lange schwelenden Disputs zwischen Antipoden, die eigentlich gar keine sind und sich nur auf einen konsensfähigen Modus operandi zu verständigen haben, ist bezeichnend für das elaborierte Markenverständnis von Ikea. Das Unternehmen erkennt früh, dass sich seine Möbel aufgrund ihrer einfachen und modularen Konstruktion sehr gut als Aneignungsflächen für Modifizierfreudige eignen. Diese Erkenntnis wird schon wenig später als Impuls für zahlreiche Produktinnovationen genutzt. Damit leistet Ikea der zukunftsweisenden Entwicklung der Customization, also der kundenindividuellen Anpassung von Massenprodukten, Vorschub und bestätigt die Analyse von Franz Liebl, Professor für Strategisches Marketing an der Berliner Universität der Künste: „Unternehmen müssen feststellen, dass sie nicht mehr die alleinige Hoheit über die Produktentwicklung besitzen, und die fortschrittlicheren unter ihnen gehen vermehrt dazu über, die bei der Kundschaft vorhandene Innovations-Kompetenz nicht nur anzuerkennen, sondern auch abzugreifen." (Liebl 2008, S. 37).

In gleichem Maße beobachtet Ikea die Ränder der Marke jedoch sehr genau. Aufgrund dessen leistet sich das Unternehmen gegenüber Aneignungsprozessen, wie sie sich in Blogs wie Ikeahackers.net manifestieren, auch eine gewisse, durchaus gerechtfertigte Skepsis. Eine Haltung, die sich aber, wie das Beispiel Jules Yap zeigt, jederzeit revidieren lässt, wenn der Eindruck überwiegt, dass der positive, markenstärkende Input der nicht-intendierten Nutzung überwiegt. Ikea vermittelt so den Eindruck einer starken Markenführung, die in puncto Aneignung durchaus dominant Regie führt und die Ausstattung der Marke beim Unternehmen belässt. Schließlich ist es am Ende des Tages das Unternehmen, welches die Verantwortung für die Marke trägt. Verantwortung in vielerlei Hinsicht und vor allem auch für die Gesamtheit der Marke – nicht nur für die Ikeahacker, die sich die Objekte ihrer Begierde spielerisch und ohne größere Beachtung möglicher Konsequenzen aneignen.

Literatur

Bay, L. (2012). Das Ende des grünen Wunders. http://www.handelsblatt.com/unternehmen/industrie/gruender-steigen-aus-das-ende-des-gruenen-wunders/6138170.html. Zugegriffen: 1. Okt. 2013.
Bedian, K. (2010). Nutella. https://www.flickr.com/photos/hyekab25/4315508528/in/photolist-7zm7ks-7LFNLK-67yr7k-9qxJMF-9qAL6b-atULBP-g6hGWx-g6hU67-g6hUSh-g6hEFv-g6hZRo-g6hBfT-g6hJGX-7ZwMt1-85C55Z-8hBnDT-5GC4YU-cWUt2j-5D2N5R-adAKLA-6Ej5uy-bMDX9Z-bMDVNP-bMDWNc-byKgnf-bL7sYP-dgGSMt-9ka3Mr-a65mQW-dYib1p-df4ze7-orzwGX-bgv9hX-oDpBJ2-8bwxk8-f2Ws23-f2G2AR-6sSxjh-nscFXf-kYSTek-byKhJu-bMDY5H-byKhs9-byKiGQ-uHWJSZ-9HYKKd-bMDYjk-9bGJfZ-bMDW54-byKgv9. Zugegriffen: 6. Nov. 2015.
Beuth, P. (2014). Ich bin enttäuscht, dass IKEA die Arbeit von Fans kaum ernst nimmt. Interview mit Jules Yap. http://www.zeit.de/digital/internet/2014-06/ikea-zwingt-ikeahackers-zum-umzug. Zugegriffen: 12. März 2015.
Förster, P. (2000). Rechte marschieren in Dessau, picture alliance/ZB.
Halberschmidt, T. (2014). IKEA verärgert seine Fans. http://www.handelsblatt.com/unternehmen/handel-konsumgueter/abmahnung-gegen-bloggerin-ikea-veraergert-seine-fans/10057130.html. Zugegriffen: 12. März 2015.
Helmers, E. (2005). *Sammeln als ästhetisches Verhalten – Eine empirische Studie*. München: GRIN Verlag.
Hofmann, R. (2014). Visionary competence for long-term development of brands, products and services: The trend receiver concept and its first applications at Audi. Technological Forecasting & Social Change. http://dx.doi.org/10.1016/j.techfore.2014.06.005.
Keßler, S. (2012). Feministen beschuldigen Ferrero der Verdummung von Mädchen. http://www.sueddeutsche.de/wirtschaft/rosa-ueberraschungs-ei-feministen-beschuldigen-ferrero-der-verdummung-von-maedchen-1.1445761. Zugegriffen: 10. Okt. 2013.
Kolle Rebbe GmbH. (2010). Kampagne für Bionade Gmbh.
Kräftner, A., & Brückner, S. (2014). Office on fire, Privatarchiv.
Liebl, F. (2008). Konsuminnovationen durch Cultural Hacking: Das Beispiel Ikea-Hacking. In B. Richard & A. Ruhl (Hrsg.), *Konsumguerilla. Widerstand gegen Massenkultur?* (S. 33–54). Frankfurt a. M.: Campus.
Miller, D. (2008). *The comfort of things*. Hoboken: Wiley.
Müller, T. (2014). Lonsdale lockt die Linken – Imagewandel bei Sportartikelfirma. http://www.taz.de/!5047327/. Zugegriffen: 17. Mai 2014.

Otto (GmbH & Co KG). (2012). Der Brigitte. https://www.otto.de/unternehmen/de/newsroom/materialien.php?pathImage=/unternehmen/media-oc/img/newsroom/bilder/pressedownload/2010/Das_neue_Gesicht_der_OTTO_Facebook-Fanpage.JPG. Zugegriffen: 6. Nov. 2015.

OTTO Unternehmenskommunikation. (2012). *„Der Brigitte" – OTTOs Social Media Hype*. Hamburg: Dossier.

Ritzer, U. (2013). Bionade will wieder öko sein. http://www.sueddeutsche.de/wirtschaft/lifestyle-limonade-bionade-will-wieder-oeko-sein-1.1599837. Zugegriffen: 1. Okt. 2013.

Schmidt, K., & Heckendorf, K. (2013). Die besten Marken im Internet. http://www.wiwo.de/unternehmen/it/webmarketing-die-besten-marken-im-internet/8750952.html. Zugegriffen: 2. Dez. 2013.

Seeßlen, G. (2001). Die süße Keimzelle der Gier – Anker in einer imaginären Kindheit. https://www.freitag.de/autoren/der-freitag/die-susse-keimzelle-der-gier. Zugegriffen: 11. Nov. 2013.

Ullrich, W. (2013). *Alles nur Konsum. Kritik der warenästhetischen Erziehung*. Berlin: Wagenbach.

Erich Posselt hat die Marke zum zentralen Thema seiner Arbeit gemacht. Er beobachtet, berät, lehrt und lernt Marke. Er packt im Unternehmen dort an, wo Marke verstanden und behandelt werden will. Dabei hält er sich von allzu engen Schubladen fern, forscht nach den immanenten Wertvorstellungen einer Marke und überführt sie in eine präzise, zeitgemäße und situative Interpretation. Sein Wissen bezieht er aus fundierten theoretischen und praktischen Kenntnissen. Seine Studien führten ihn von der Betriebswirtschaft, dem Marketing und Vertrieb über die Kommunikation hin zur direkten menschlichen Interaktion im Coaching. Seit mehr als 15 Jahren berät und unterstützt er nationale und internationale Unternehmen in Fragen der Markenführung, der Kommunikation sowie der Design-Strategie.

Dr. Manfred Luckas studierte Germanistik, Geschichte und Politik. Promotion in Köln, Berlin und Gainesville/University of Florida zum Thema *So lange du stehen kannst, wirst du kämpfen – Die Mythen des Boxens und ihre literarische Inszenierung*. Seit vielen Jahren arbeitet er als freier Lektor und Autor, Texter und Konzeptioner u. a. für WDR, Goethe-Institut, den Wirtschafts- und Markenverlag Deutsche Standards Editionen sowie diverse Agenturen und Unternehmen. Themenschwerpunkte sind die Schnittstellen von Kultur und Wirtschaft bzw. Kultur und Sport. Er ist außerdem Vorsitzender des Freien Deutschen Autorenverbands NRW.

Marke neu denken: Vom Leuchtturm zum Lagerfeuer

3

Hans-Peter Hahn, Manfred Luckas, Jürgen Schulz, Robert Caspar Müller, Wolfgang Ullrich, Tobias Langner, Malte Christ, Alexander Fischer, Daniel Bruns, Rupert Hofmann, Jan Drengner und Erich Posselt

3.1 Konsum als Aneignung – Plädoyer für eine Perspektive auf Konsumenten als Akteure 50
    3.1.1 Einleitung 50
    3.1.2 Sozialstruktur und Konsumforschung 51
    3.1.3 Transformationen von Waren hin zum persönlichen Gut 55
    3.1.4 Kulturelle Aneignung 57
    3.1.5 Schluss 61
3.2 Appropriation Art – Aneignungskunst und die Kunst der Aneignung ... 62
3.3 Consumer Culture – Kultivierung von Konsumentenbildern neu denken 66
    3.3.1 Konsumentenbilder alt denken 68
    3.3.2 Konsumentenbilder neu denken 71
    3.3.3 Über die Verwendung der Konsumentenbilder neu nachdenken 73
    3.3.4 Und nun? Markenführung in der Führungskrise 75

E. Posselt (✉)
Erich Posselt Brand Coach, Frankfurt am Main, Deutschland
E-Mail: erichposselt@brandcoach.com

H.-P. Hahn
Institut für Ethnologie, Goethe-Universität Frankfurt, Frankfurt am Main, Deutschland

M. Luckas
Köln, Deutschland

© Springer Fachmedien Wiesbaden 2016
E. Posselt (Hrsg.), *Marke neu denken,* DOI 10.1007/978-3-658-11095-6_3

3.4	Aneignung in Bildern – Die Wirkung von Metaphern im Marketing....		77
3.5	Markenliebe		84
	3.5.1	Einleitung: Liebe als Treiber des Kaufverhaltens.............	84
	3.5.2	Was man unter Markenliebe versteht......................	85
	3.5.3	Was Markenliebe beim Konsumenten bewirkt...............	87
	3.5.4	Wie Markenliebe entsteht...............................	88
	3.5.5	Was das Markenmanagement tun kann, um den Aufbau von Markenliebe zu fördern.................................	93
	3.5.6	Schlussbetrachtung....................................	94
3.6	Trend Receiver – qualifizierte Visionskraft		95
	3.6.1	Langfristige Entscheidungen und Entwicklungsprozesse neuer Produkte und Services	96
	3.6.2	Trend-Receiver-Projekte in der Audi-Praxis	100
	3.6.3	Beispiel für den praktischen Nutzen: Audi City.............	101
	3.6.4	Fazit	103
3.7	Service Dominant-Logic und Markenführung – Die Bedeutung soziokultureller Ressourcen für die Wertschöpfung der Konsumenten.............................		105
	3.7.1	Einleitung..	105
	3.7.2	Marken als Servicebündel zur Unterstützung der Wertschöpfung der Konsumenten................................	106
	3.7.3	Bedeutung der Ressourcen des Konsumenten für die markenbezogene Wertschöpfung	107
	3.7.4	Das Konzept der soziokulturell integrierten Markenführung...	111
Literatur..			114

J. Schulz · R. C. Müller
Institut für Theorie und Praxis der Kommunikation, Universität der Künste Berlin, Berlin, Deutschland

W. Ullrich
Staatliche Hochschule für Gestaltung Karlsruhe, Karlsruhe, Deutschland

T. Langner · A. Fischer · D. Bruns
Schumpeter School of Business and Economics, Bergische Universität Wuppertal, Wuppertal, Deutschland

M. Christ · R. Hofmann
Audi Business Innovation GmbH, München, Deutschland

J. Drengner
Fachbereich Touristik/Verkehrswesen, Hochschule Worms, Worms, Deutschland

3 Marke neu denken: Vom Leuchtturm zum Lagerfeuer

Wie die Fallbeispiele zeigen, ist das, was Marke ausmacht, ihr Bild in den Köpfen der Menschen. Wie dieses Bild entsteht, ist ein höchst lebendiger und dynamischer Prozess. Starke Marken sind keine Leuchttürme, die ein einsames, unwirtliches Dasein fristen. Sie sind vielmehr wie Lagerfeuer, um die herum sich Menschen gesellen, um dabei ihre Geschichten und Erfahrungen auszutauschen. Marken sind Attraktionspunkt und Bestandteil einer Gemeinschaft, sie stiften Nutzen und Beziehungen. Marken sind also nicht nur eine betriebswirtschaftliche Größe, sondern auch ausdrücklich eine kulturelle Leistung. Alle, die sich heute ernsthaft mit Marken und Markenführung beschäftigen, sind deshalb gleichzeitig Markenkulturschaffende. Das monokausale Markenmanagement früherer Tage – hier die Deutungshoheit des Unternehmens als Sender, dort die gläubige Zielgruppe als Empfänger – hat ausgedient. An seine Stelle tritt die soziokulturelle Verhandlung, bei der sich Unternehmen, Marke, Konsumenten und Öffentlichkeit gleichberechtigt begegnen. Der innovative Input des Markenhalters trifft dabei auf zunehmend emanzipierte, autarke Markenaneigner, die ihre eigenen Vorstellungen in die Marke einspeisen. So wird heute die Marke auf lange Sicht belebt und gestärkt. Aus ihrem Blickwinkel gewähren die Autoren der folgenden Beiträge, Einblicke in das Phänomen der Aneignung. Sie inspirieren und motivieren zu einem neuen Denken und einem neuen Umgang mit der Marke.

Der Frankfurter Ethnologe Hans Peter Hahn versteht Konsum als einen Prozess der Aneignung von Konsumobjekten durch Konsumenten. Seine These lautet, dass die Konsumforschung bisher viel zu wenig auf den Aspekt der Koproduktion von Eigenschaften und Bedeutungen geachtet hat. Deshalb gilt es seiner Meinung nach, die scheinbar objektiven Eigenschaften von Waren zu hinterfragen und den Umgang mit ihnen als wenig berechenbar zu begreifen.

Der Literaturwissenschaftler Manfred Luckas verweist darauf, dass die Kunst Aneignung fremder Vorlagen als eine kreative Intervention versteht. Die Originale würden damit vielschichtiger und bedeutungsvoller. Die darunter liegenden Strukturen lassen sich ebenso in der Markenführung finden und nutzen.

Die Vorliebe für Metaphern, welche das moderne Marketing prägt, ist Thema des Kunstwissenschaftlers Wolfgang Ullrich. Er untersucht, wie Konsumenten die Metaphern aufgreifen und interpretieren. Aus dieser Beobachtung zieht er Rückschlüsse für die Möglichkeiten, die ein neues Verständnis von Markenführung bietet.

Jürgen Schulz, seines Zeichens Kommunikationswissenschaftler, widmet sich den Akteuren des Konsums. Er geht den gängigen Konsumentenbildern auf den Grund und hinterfragt deren Richtigkeit und Sinnhaftigkeit. Die fixe Positionierung, um die sich die Zielgruppen formiert, weicht auch bei ihm einer vielschichtigen Betrachtungsweise, die sich aus dem Erzählschatz einer Kultur speist.

Menschen lieben Marken. Ein Satz der häufig dahingeworfen, dem jedoch selten auf den Grund gegangen wird. Tobias Langner, Wirtschaftswissenschaftler, zeigt auf, was Markenliebe eigentlich heißt und was geliebte Marken von ungeliebten unterscheidet.

Um die Themen und Mythen der Zukunft schon heute in die Entwicklung einzubeziehen, braucht es entweder seherische Fähigkeiten oder ein fundiertes wissenschaftliches Rüstzeug. Rupert Hofmann beschreibt, wie sich die Visionskraft einer Marke durch die Auswahl der richtigen „Antennen" verstärken lässt.

Der Politikwissenschaftler Jan Drengner skizziert schließlich ein neues Konzept für die Markenführung. Es basiert auf der Einbeziehung des sozialen und kulturellen Kapitals. Er führt die verschiedenen Sichtweisen zu einem interaktiven und integrierte Ansatz zusammen.

3.1 Konsum als Aneignung – Plädoyer für eine Perspektive auf Konsumenten als Akteure

Hans-Peter Hahn

> Wenn ich meinen Blick auf den Dingen in meinem Zimmer ruhen lasse, dann entdecke ich mehr als nur Farben und Umrisse gewisser Gegenstände. Ich nehme dabei etwas wahr, das sich nicht greifen und beschreiben lässt, das mehr ist als eine wissenschaftlich ermittelbare oder in Geldwert abschätzbare Wirklichkeit. (Stüttgen 1993, S. 11)

3.1.1 Einleitung

Nichts erscheint selbstverständlicher als das Wissen der Konsumenten über den Platz der Dinge in der modernen Warenwelt. Was Bedeutungen und Funktionen einer bestimmten Ware sind, sollte jeder Bürger der Konsumgesellschaft spätestens dann erklären können, wenn er diesen Gegenstand erwirbt. Zu jeder beliebigen Ware scheint ein objektiv erkennbarer Nutzwert, eine Funktion und auch eine Bedeutung zu gehören. Es ist eine der grundlegenden Regeln der Konsumgesellschaft der Gegenwart, diesen Zusammenhang auch durch handfeste rechtliche Ansprüche bestätigt zu wissen. Konsumenten haben sich daran gewöhnt, Konsum mit sicheren Erwartungen über das, ‚was man erhält', zu verbinden. Jeder Einzelne in der Konsumgesellschaft kann sich über die vom Staat gewährleisteten gesetzlichen Grundlagen informieren und ihm stehen Wege offen, dies auch durchzusetzen. ‚Sicheres Wissen' sowie ‚objektive Eigenschaften' in Bezug auf Waren, also die Dinge, die man in seinen Besitz bringen kann, gehören scheinbar zu den allgegenwärtigen Grundlagen der Gesellschaft. Erkennbar und explizit werden sie jedoch vielfach nur dann, wenn diese Grundlagen infrage gestellt werden. Dieser Beitrag möchte die scheinbare Evidenz von ‚objektiven Eigenschaften' der Ware hinterfragen, er möchte zeigen, wie wenig eindeutig und erwartbar der Umgang mit und die Bewertung von Waren sind. Die These lautet, dass die Konsumforschung bisher viel zu wenig auf den Aspekt der Koproduktion von Eigenschaften und Bedeutungen geachtet hat. In der Konsequenz ist festzustellen, dass der Umgang mit Waren und ihre Bewertung sehr viel weniger prognostizierbar sind, als vielfach angenommen.

Wie genau greift Konsum in das Leben der Konsumenten ein und welche Auswirkungen haben Konsumpraktiken, also die Aneignung von Dingen, die als ‚Ware' in Erscheinung treten, für ihren Sachbesitz? Bis heute gibt es kein plausibles Modell, das die Veränderungen der Gesellschaft durch das sich gegenwärtig rasch ausbreitende Konsumangebot erklärt. Niemand weiß, wie sich Bewertungen und Praktiken verändern, wenn im Alltag jedes Einzelnen immer mehr Zeit für ‚Konsum' aufgewendet wird und wenn der Anteil an Waren im Sachbesitz immer weiter ansteigt.

Ein möglicher Ausgangspunkt, um in diesem Feld Antworten zu finden, sind sozialwissenschaftliche Forschungen zum Konsum, wie sie unter anderen von Pierre Bourdieu, Mary Douglas und Daniel Miller vorgelegt wurden. Diese Soziologen und Ethnologen haben weithin anerkannte Konzepte entwickelt, mit denen sie die Einbettung von Konsum in Gesellschaften erklären. Der nächste Abschnitt dieses Beitrags wird deshalb zunächst diese theoretischen Grundlagen zur sozialen und kulturellen Rolle von Konsum, sozialer Differenzierung und seinen Bedeutungen präsentieren. Erst der dritte Teil soll den ethnografisch begründeten, davon abweichenden oder dem widersprechenden Beobachtungen gewidmet sein. Dieser Teil befasst sich mit dem neueren akteurszentrierten Konzept der kulturellen Aneignung. Abschließen werden das Kapitel einige Überlegungen, welche Konsequenzen sich aus dem neuen kulturwissenschaftlichen Konzept von Konsum ergeben. Ein solches Konzept kann nicht einfach affirmativ gegenüber bestehenden Marketingstrategien sein, sondern sollte auch eine kritische Position gegenüber den bereits erwähnten, aber doch problematischen Vorstellungen von ‚objektiven Eigenschaften' der Konsumgüter vertreten.

3.1.2 Sozialstruktur und Konsumforschung

Ein Durchgang durch die die letzten zehn bis zwanzig Jahrgänge einschlägiger Zeitschriften im Feld der Konsum- und Marketingforschung wie dem Journal of Consumer Research oder Journal of Consumer Culture zeigt eine vergleichsweise rasche Annahme und Adaptation der Forschungsergebnisse von namhaften Soziologen und Ethnologen, die sich in jüngerer Zeit mit den Bedeutungen von Waren auseinandergesetzt haben. Zu diesen Fachleuten gehören die bereits genannten Autoren Pierre Bourdieu, Mary Douglas und Daniel Miller. Was ist es, was Bourdieu und die anderen offensichtlich richtig erkannt haben und was sich über Fächergrenzen hinweg als ‚nützliches' Wissen, gerade auch im Marketing, entpuppt? Bourdieu sieht im Besitz bestimmter Konsumgüter den Ausdruck einer besonderen gesellschaftlichen Position der Besitzer und Nutzer dieser Dinge (Bourdieu 1982). Über bestimmte Dinge zu verfügen, ist ein Mittel der Distinktion. Bourdieu zeigt, wie der Besitz von Dingen zugleich eine Sozialstruktur artikuliert. Menschen sind, was sie haben. Er hat das noch weiter differenziert. So verweist er ergänzend auf die Notwendigkeit des ‚lebenslangen Lernens'. Angemessener Konsum, so könnte man Bourdieus Konzept zusammenfassen, beruht auf der Bereitschaft, bestimmte Umgangsweisen bezüglich der erworbenen Konsumgüter zu respektieren. Erst die ‚Verinnerlichung' der richtigen Umgangsweise schafft die Grundlage, um das, was man hat, auch als Mittel der Distinktion vorzeigen zu können. Hier üben die Konsumgüter einen gewissen Zwang auf die Besitzer aus (Costey 2004). Der Besitz eines Schachspiels hat nur dann eine Bedeutung, wenn der Besitzer auch die Regeln des Spiels kennt, sich also damit praktisch auseinandersetzt. Ein teures Auto zu haben, verlangt, KFZ-Steuer, Versicherung und Unterhalt des Fahrzeugs finanzieren zu können. Zur gediegenen Wohnzimmereinrichtung gehört die Fähigkeit, dort Gästen den richtigen Wein anzubieten, oder zumindest ein kompetentes Gespräch über die passenden Weinsorten zu führen. Es geht also nicht um die genauen Eigenschaften einzelner Dinge, sondern um die Verknüpfung von ‚Passendem' mithilfe von kontextuellem Wissen, Gebrauchsweisen und verfügbaren komplementären Konsumgütern, die nur in der Summe den Ausdruck eines Lebensstils ermöglichen. Die Fähigkeiten, Dinge ‚richtig' anzusprechen und Stilempfinden ‚richtig' auszudrücken, begründen einen „Habitus", der nach Bourdieu den verinnerlichten Impulsgeber für den richtigen Lebensstil darstellt.

Mary Douglas hat zur gleichen Zeit, in den 1970er Jahren, ein ähnliches Konzept präsentiert. Im Hinblick auf die Zurückweisung jeder nur an Funktionen orientierten Betrachtung von Konsumgütern ist sie noch radikaler. Sie erklärt nämlich den tatsächlichen Gebrauch von Konsumgütern für bedeutungslos und verweist stattdessen auf die Rolle des Sachbesitzes im „Denken" (Douglas und Isherwood 1978). Der große Umfang des Sachbesitzes des Einzelnen in der modernen Konsumgesellschaft macht es ihr zufolge ohnehin unmöglich, die Gesamtheit der Dinge im persönlichen Besitz wirklich intensiv oder auch nur regelmäßig zu verwenden. Die Autos, die wir haben, stehen zumeist einfach herum, damit andere sehen, dass wir sie besitzen. Das aufwendige Equipment für den exklusiven Sport ist hauptsächlich ein Zeichen der Zugehörigkeit zu einer sportlichen dynamischen Oberschicht, der tatsächliche Gebrauch findet selten oder überhaupt nicht statt. Die Dinge, die ein Bürger der Konsumgesellschaft besitzt, sind nach Douglas ein Mittel, um Zugehörigkeit und Abgrenzung zu zeigen. Eine genaue Analyse des Sachbesitzes würde den Platz jedes Einzelnen in der Sozialstruktur aufdecken. Was jemand besitzt, zeigt wer er ist und welche soziale Stellung er hat.

Nun kann man argumentieren, dass Bourdieu und Douglas eher ältere Vertreter der Fachgeschichte seien. Ihre Erkenntnisse waren vor 40 Jahren neu, heute sind sie es nicht mehr. Im Widerspruch zu einer solchen relativierenden Bewertung ihrer Konzepte steht erstens die intensive Rezeption dieser Konzepte bis in die Gegenwart, gerade auch in den bereits erwähnten Fachzeitschriften. Zweitens – und das ist viel wichtiger – sind sie auch als Vertreter einer Denktradition zu sehen, die einerseits auf sehr viel älteren Wurzeln aufbaut und die andererseits auch in den letzten Jahren noch aktiv verfolgt wird. Ein Beispiel dafür wäre Daniel Miller, der als Ethnologe und Spezialist für materielle Kultur umfassende Studien auch über Kategorien von Artefakten und Materialität verfasst hat.

Miller legte jüngst eine „Theorie des Einkaufens" vor, die sich ziemlich gut in das Muster der Theorie von Bourdieu und Douglas einpasst: Konsum ist demzufolge motiviert durch das Bedürfnis der Konsumenten, ihre soziale Einbettung zu artikulieren (Miller 1998). Im Moment des Einkaufens möchte der Konsument zeigen, welche Menschen er liebt. Deshalb kauft er solche Dinge, von denen er glaubt, sie werden in der sozialen Umwelt auf Gefallen stoßen. Nach Miller ist der Akt des Einkaufens ein ‚Opfer des Ich'. Wesentlich für viele Konsumentscheidungen sind nicht einfach nur die Gefühle des Konsumenten, sondern mehr noch die erwarteten Emotionen in der unmittelbaren sozialen Umgebung. Menschen sind glücklich, wenn sie die richtigen Waren erwerben, nicht nur für sich, sondern auch im Sinne einer Verstärkung der sozialen Sphäre.

Man fühlt sich bei diesen sehr allgemeinen Aussagen förmlich erinnert an Klementine, die freundliche Wäschefrau von „Ariel", die der Käuferin zuflüstert: „Nur mit dieser Marke wirst Du glücklich sein". Oder an den Geist von Frau Sommer, der der noch unsicheren Käuferin im Moment der Konsumentscheidung rät: „Spare nicht bei der Wahl der Kaffeemarke, damit Deine Gäste zufrieden sein werden". Solche, von geschickten Marketingstrategen erdachten und mittlerweile weithin bekannten Werbepraktiken entsprechen der „Theorie des Einkaufens" nach Miller. Zugleich sind sie Bestätigungen des Konzeptes vom Habitus nach Bourdieu. Besitz, Gebrauch und Anerkennung durch die soziale Umwelt sind in dieser Perspektive untrennbar miteinander verbunden.

In einer jüngst erschienen Untersuchung über Sachbesitz von verschiedenen Haushalten im Londoner East End hat Miller seine „Theorie des Einkaufens" noch weiter ausgearbeitet. In dem Buch mit dem bezeichnenden Titel „Der Trost der Dinge" beschreibt er eine Reihe von Haushalten und zugleich die soziale Lage und gesellschaftliche Einbettung der Bewohner dieser Wohnungen (Miller 2010). Seiner Theorie zufolge gibt es sehr wohl bestimmte Freiheiten in der Konsumentscheidung des Einzelnen. Aber solche Freiheiten sind letztlich irrelevant für die Gesamteinschätzung der untersuchten Personen: Der Kleinkriminelle, der gerade aus dem Gefängnis kommt, wohnt in einem fast leeren Appartement. Seine Matratze liegt auf dem Boden, Bierkästen sind seine Stühle. Die ältere Dame, um ein Gegenbeispiel aus dem gleichen Buch von Miller zu nennen, hat ein leicht überfülltes Wohnzimmer mit rosa Vorhängen, rosa Plüschtieren und zudem vielen kleinen Dekor-Objekten, die als ‚Kitsch' zu bezeichnen wären. Diese Fülle an Konsumgütern entspricht dem regen sozialen Leben der Dame, einer hohen Anerkennung im Kreis der Kinder, Enkel, Bekannten und Freunde, die auch immer wieder zu Gast sind. Ihnen wird das reich dekorierte Zimmer gezeigt. Viele der Gäste, Freunde und Verwandten haben zur Ausstattung beigetragen und auf diese Weise wird das Wohnzimmer zur materiellen Inszenierung eines sozialen Netzwerks.

Miller ist – im Vergleich zu Bourdieu und Douglas – weniger am Habitus als Grundlage sozialer Distinktion interessiert. Er spricht auch nicht davon, Dinge des Konsums seien nur zum Denken da. Dennoch steht er in einer Linie mit den beiden zuletzt Genannten und auch mit viel älteren Vorläufern wie Gabriel Tarde und Thorstein Veblen (Tarde 1890; Veblen 1899). Wenn diese fünf Namen hier nebeneinandergestellt werden, zeigt sich, dass diese Gruppe von Theorien in der sozialwissenschaftlichen Forschung eine dominante Rolle einnimmt (Hahn 2011). Es geht im Grunde um eine einfache Erzählung über die käuflichen Dinge des Alltags, um ein Narrativ. Diese Erzählung macht aus den Dingen ein ‚erweitertes Zeigeinstrument', das die Lage des Einzelnen in der Gesellschaft reflektiert. Man kann das mit Begriffen der Soziologie als ein „Durkheimsches Universum" bezeichnen (Reckwitz 2002).

Der Verweis auf Emile Durkheim, einen der Gründerväter der Soziologie, stellt eine Verbindung zwischen dem Narrativ über die käuflichen Dinge mit dessen Grundidee her. Durkheim ist der Ansicht, es bestehe für den Einzelnen in der modernen Gesellschaft die Notwendigkeit, mit allen verfügbaren Elementen seine Lage in der komplexen sozialen Umwelt zu stabilisieren. Dieses Bemühen zur Stabilisierung funktioniert bei Durkheim über kollektive Repräsentationen (Inglis 2011). In den klassischen Werken von Durkheim waren diese zunächst Rituale und Symbole (Durkheim 1912). Der neueren Forschung zufolge wäre das Spektrum allerdings zu erweitern, sodass man von Konsum und Sachbesitz allgemein als ‚Repräsentation' sprechen könnte. Die Ausstattung der Wohnungen in London, das richtige Auto, der Genuss von Rotwein – das alles sind demzufolge kollektive Repräsentationen! Und warum sollte das Marketing diese Idee nicht dankbar aufgreifen? Ist Werbung nicht auch Einüben und Bestätigen von sozialen Rollen mit Hilfe von Konsum? Beantwortet nicht jeder Werbeclip scheinbar die Frage nach dem ‚Wer bin ich, wer könnte ich sein?' auf dem Umweg über die Verfügung über und den Gebrauch von Dingen? Konsumforscher hätten kein Problem, eine Analyse von Haarshampoo im Sinne Bourdieus vorzulegen und sehr wahrscheinlich wäre die Theorie des Einkaufens von Miller eine gute Grundlage für Kreative, um die nächste Werbung für Cornflakes oder Wohnzimmergarnituren noch effizienter zu gestalten (Schwend und Böhnke 2004).

Damit ist in groben Zügen und sehr vereinfachend geschildert, wie eng die Verbindungen von Soziologie, Ethnologie und Konsumforschung in den dominanten Theorien sind. Die Nähe der geschilderten Konzepte zum Marketing wie auch die vielfach eher eingeschränkte Bezugnahme auf Eigenschaften der Waren sind offensichtlich. Nicht ohne Grund hat Kalman Applbaum vor einigen Jahren Ethnografie als das perfekte Instrument des Marketings der Gegenwart bezeichnet (Applbaum 1998). Welche weiteren Erkenntnisse kann eine genauere Untersuchung des Umgangs mit Dingen beisteuern? Warum sollte es sich lohnen, die Interaktion zwischen Waren und Nutzern aus der Sicht der Akteure noch genauer zu betrachten? Antworten auf diese Fragen gibt der folgende Abschnitt.

3.1.3 Transformationen von Waren hin zum persönlichen Gut

Ein erstes Argument zur Erweiterung der herkömmlichen Sicht auf die objektiven Eigenschaften von Waren beruht auf einer phänomenologischen Perspektive auf die Lebenswelten der Konsumenten. Indem materielle Dinge und insbesondere alltägliche Konsumgüter als Teil einer Lebenswelt betrachtet werden, muss zunächst die Verknüpfung von Zuordnungen solcher Gegenstände mit den von der Werbung versprochenen Eigenschaften zurückgewiesen werden. Phänomenologisch gesehen kann es kein ‚objektives Set' von Wahrnehmungen, Umgangsweisen oder Bewertungen geben. Wie die Dinge dem Benutzer erscheinen, welche ‚Aufforderung' zum Handhaben er aus der Gegenwart einer Sache ableitet, solche relationalen Bestimmungen zwischen Objekt und Besitzer entstehen überhaupt erst im Moment der unmittelbaren, lebensweltlich eingebetteten Interaktion (Blumenberg 2010).

Der Eintritt einer Sache in die Lebenswelt, die Ko-Präsenz von Mensch und Ding, wie Gumbrecht es formuliert hat, ist ein entscheidungsoffener Moment. Erst in diesem Moment entsteht die Wahrnehmung (Gumbrecht 2012). Erst wenn wir ein Ding in der Hand halten, es ansehen, daran riechen und seine Gegenwart leiblich spüren, wissen wir, wie unsere Einschätzung lautet. Jede Sache wird zu einem eigenen Ding, von dem bestimmte Eigenschaften zu einer Einladung werden, andere sich dagegen als Problem oder Hindernis für den mühelosen Umgang erweisen. Diese zunächst komplex erscheinende Schilderung beruht auf ganz alltäglichen Erfahrungen: Wer hat beispielsweise nicht einmal Kleidung nach dem Kauf für unpassend oder als unangenehm zu tragen empfunden? Wie viele Kleidungsstücke bleiben nach einmaligem Tragen ungenutzt im Kleiderschrank, weil der Besitzer nach der ersten ‚Körpererfahrung' keine Lust mehr hat, sich mit diesem Kleidungsstück noch einmal zu befassen (Gregson und Beale 2004)?

Eng mit solchen Erfahrungen verbunden ist das zweite Argument. Kulturwissenschaftler haben sich in der letzten Zeit intensiver mit den ‚überraschenden Momenten' der unmittelbaren Interaktion befasst. Dinge, die die Erwartungen des Benutzers nicht erfüllen, Konsumgüter mit plötzlich hervortretenden, unerwarteten oder gar unerwünschten Eigenschaften, sind ein immer wiederkehrendes Ärgernis, mit dem viele Menschen schon einmal oder öfter konfrontiert waren. Zum Beispiel haben das Katharine Frus und Dietmar Rübel in einem Sammelband mit dem bezeichnenden Titel „Die Tücke des Objektes" thematisiert (Ferus und Rübel 2009). Das Buch zeigt, wie unterschiedlich solche Erfahrungen der ‚verunglückten' Objektbeziehung sein können. Und selbstverständlich können wir in der wenigstens einhundert Jahre alten Kategorie der Objektkunst einen Reflex auf ‚irritierende' Objekterfahrungen in der Konsumgesellschaft erkennen. Die künstlerische Verfremdung von alltäglichen Konsumgütern verweist zudem auf einen besonderen Umstand: Oft sind es nämlich gerade diejenigen Konsumgüter, mit denen wir besonders hohe Erwartungen verbinden, die uns in dieser Weise ‚enttäuschen'.

Es ist nicht die verdorbene Milch oder der Reisbeutel, den zu öffnen sich als schwierig erweist, die als Ärgernis in Erinnerung bleiben. Vielmehr sind Menschen damit befasst, sich über das schicke, aber dann doch nicht tragbare Kleid zu ärgern, oder sich über das Handy mit einer nicht befriedigenden Funktionalität zu beschweren. Nicht zufällig heißt ein Vorgängerwerk zu dem erwähnten Sammelband von Adolf Muschg „Die Tücke des verbesserten Objekts". In diesem Essay greift Muschg die weit verbreitete Erfahrung auf, dass es oftmals gerade die behauptete Verbesserung ist (im Hinblick auf Technik, aber auch bei „Modefragen"), die zur Herausforderung wird, oder gar zu gescheiterten Versuchen des Gebrauchs führen (Muschg 1981). Die verbesserten Dinge sind mit hohen Erwartungen verbunden. Zugleich gehen damit auch andere, sehr oft höhere Anforderungen an die Fähigkeiten der Besitzer und Nutzer einher. Jedenfalls handelt es sich um einen Prozess, der von Emotionen begleitet ist: Offenheit, Interesse oder gar Begeisterung können leicht in Enttäuschung umschlagen.

Der oftmals von Ambivalenz begleitete Blick in Gebrauchsanweisungen gehört ebenfalls in diesen Zusammenhang. Man könnte diese Dokumente als eine Versicherung der Hersteller bezeichnen. Sie erwarten, mit solchen Anleitungen das Verhältnis zwischen neuem Konsumgut und unerfahrenem Benutzer zu stabilisieren und das Maß der Frustration gering zu halten. Allerdings sind die Klagen über solche Anleitungen Legende. Das kann an der unklaren Sprache liegen oder aber daran, dass subjektiv wichtig erscheinende Eigenschaften einfach nicht erwähnt werden (Corn 2009).

Damit sind zwei Argumente erläutert, die auf eine größere Komplexität in Gebrauch, Wahrnehmung und Bewertung von Dingen verweisen. Einerseits, ausgehend von der Phänomenologie, die Beobachtung der Subjektivität jeder Erfahrung von Gegenwart eines Dings, andererseits die Enttäuschungen, die zur Rede von der ‚Tücke des Objekts' geführt haben.

Ein drittes Argument kommt hinzu. Es bezieht sich auf die Erfahrung, dass zwischen dem erwarteten Gebrauch eines Konsumguts und der Frustration über enttäuschende Dinge im alltäglichen Umgang auch viele Zwischenstufen zu beobachten sind. Es gibt immerhin etliche Dinge, die als Waren zu uns kommen und dann, nach und nach, zu zuverlässigen und regelmäßig gebrauchten Gegenständen werden. Oftmals vollzieht sich hier eine Veränderung der Beziehung von Mensch und Ding, bei der solche Objekte sich auf einem Weg von der anonymen Ware zu einem persönlichen, vielleicht sogar geschätzten Gut befinden. Dieser Weg der Veränderung der Sache, aber auch der Sichtweise des Menschen auf den Gegenstand kann als eine kreative Arbeit aufgefasst werden. Sie ist als „Arbeit der Aneignung" zu bezeichnen (Carrier 1995). Das kann zum Beispiel das Erfinden oder Entwickeln von Eigenschaften am neuen Konsumgut sein. Es kann aber auch ein schwieriger hindernisreicher Prozess sein, wenn es etwa darum geht, soziale Anerkennung für Besitz und Gebrauch eines zuvor kaum gebräuchlichen Gutes zu erlangen.

3.1.4 Kulturelle Aneignung

Der Begriff der kulturellen Aneignung betont die Perspektive der Akteure. Es sind Konsumenten in der Konsumgesellschaft, die sich als Besitzer und Nutzer Dinge aneignen und erst am Ende eines solchen Prozess beanspruchen können, über einen nützlichen, persönlich geschätzten Gegenstand zu verfügen. Aneignung ist allerdings kein individueller Prozess, sondern er funktioniert immer nur auf der Basis einer Einbettung in eine Gemeinschaft und der Bereitschaft einer Gruppe, sich zu verändern. Kulturelle Aneignung ist auch eine Aushandlung darüber, was in einer Gesellschaft als legitimer oder gar zulässiger Gebrauch angesehen wird und wo dem Gebrauch Grenzen gesetzt sind. Das wird am Beispiel der Blue Jeans deutlich. Es handelt sich dabei um eine „‚Arbeiterkleidung', die im Laufe der Zeit den Status als Modeobjekt erworben hat (Miller und Woodward 2012)." Natürlich ist das ein wechselseitiger Prozess, bei dem zumindest in gewissen Zeitabständen auch die Kleidungsfirmen mit einbegriffen sind, indem sie nämlich in ihren Fabriken neue Modelle herstellen lassen und durch veränderte Preise und Formen eine solche Aufwertung unterstützen.

Aber viel wichtiger ist die kleinteilige, alltägliche Arbeit der Aneignung: Das gilt zum Beispiel für die Frage, ob, und wenn ja, wann, am Arbeitsplatz Jeans eine angemessene Kleidung sind. Sehr wahrscheinlich hätte man vor einigen Jahrzehnten Jeans nicht als angemessene Kleidung für die Arbeit im Büro einer Bank empfunden. Aber dieses Kleidungsstück breitet sich immer weiter aus und hat in den letzten Jahren immer neue, mitunter überraschende Nischen erobert (Hohmann und Tietze 2013).

Wie das letzte Beispiel zeigt, könnte man kulturelle Aneignung auch als die „Macht des Unvorhergesehenen" bezeichnen. Es geht in den einschlägigen Erläuterungen dieses Konzepts darum, mit alltäglichen Taktiken die strategische Überlegenheit der Produzenten zu unterlaufen. Michel de Certeau hat sogar von der „subversiven Kraft" der Aneignung gesprochen (De Certeau 1980). Das wäre für das Beispiel der Jeans vielleicht eine Übertreibung. Betrachtet man aber die Wandlungen der Produkte der Marke LONSDALE (vgl. Kap. 2.1), dann handelt es sich definitiv um eine Subversion, wenn auch aus einer überraschenden Richtung. Die ursprünglich einmal vorwiegend in schwarz oder weiß verkauften T-Shirts wurden nämlich ab einem bestimmten Zeitpunkt mehr und mehr von rechtsextremen Jugendlichen getragen. Zu dieser Mode gehörten die unvermeidlichen Bomberjacken, die man dann in etwa halb öffnete, so dass vom Schriftzug der Firma nur noch „NSDA" zu erkennen war. Lonsdale wurde auf diese Aneignung aufmerksam und versuchte sich durch eine spezielle Kampagne dagegen zu wehren. Das Motto dieser Kampagne war „Lonsdale loves all colours", in der Folge wurden die Hemden auch in den unterschiedlichsten Farben verkauft. Ob diese ästhetische Neuorientierung einen Gewinn darstellte, soll hier offenbleiben, genauso wie die Frage, ob es gelungen ist, diese Art der Aneignung zurückzuweisen.

Aneignung kann, wie im letzten Beispiel, spektakulär verlaufen. Andere spektakuläre Beispiele sind dem von Birgit Richard und Alexander Ruhl herausgegebenen Band „Konsumguerilla" zu entnehmen (Richard und Ruhl 2008). Dort werden beispielsweise Ikea-Möbel umgebaut, so dass sie ganz anderen Funktionen dienen, als ursprünglich vorgesehen. Wie auf der Seite www.ikeahackers.com gezeigt wird, werden aus einem Hocker ein Kinderfahrrad und aus einem Tisch ein Lampenschirm. Viel häufiger sind es im Alltag aber kleine unspektakuläre Veränderungen, die eine solche Transformation von der Ware zum persönlichen Gut begleiten (Bausinger 1981). Eine Minimalpraxis bestünde etwa im Entfernen von störenden Etiketten oder im Reinigen: Viele gekaufte Kleidungsstücke werden vor dem ersten Tragen zuerst einmal gewaschen, so als ob sie schmutzig aus der Fabrik gekommen wären. Ein neuer Computer oder ein Handy sind erst dann persönliche Güter, wenn das Adressbuch oder die persönlich favorisierten Programme darauf installiert und eingerichtet sind. Gerade solche technischen Geräte steigen dadurch im Wert: Zumindest im Fall eines Verlustes wird man den Verlust als bedeutender empfinden, wenn das Gerät vorher ‚personalisiert' wurde.

Eine Voraussetzung für die Aneignung ist an erster Stelle die Verfügbarkeit der Dinge selbst und eine Offenheit in Hinblick auf die Möglichkeit verschiedener Nutzungen. In manchen Fällen wird die Möglichkeit der Aneignung als eine Option schon bei der Herstellung mit berücksichtigt. In anderen Fällen werden jedoch gerade Sperren errichtet, um eine ‚Umnutzung' zu verhindern. Aneignung bedeutet in solchen Kontexten, Sperren zu umgehen oder zu durchbrechen, was z. B. im Hinblick auf die Bindung mancher mobiler Telefonendgeräte an eine spezielle Betreibergesellschaft durchaus möglich ist. Mit spezieller Software kann man das sogenannte „SIM-Lock" entfernen (Hahn und Kibora 2008).

Kulturelle Aneignung ist ein Prozess, der nicht nur die Auseinandersetzung von Akteuren mit unterschiedlicher Handlungsmacht und unterschiedlichen strategischen Potentialen beschreibt. Aneignung impliziert auch eine Form des kulturellen Recyclings: Was als Ware nur mangelhaft oder in nicht glaubwürdiger Weise definiert ist, wo sich Freiräume eröffnen, da werden neue Gebrauchsweisen eingeführt, es findet eine ‚Wiederaufwertung' statt. Das kann im Konsens (Waschen neuer Kleidung, Installieren von Programmen auf dem Handy) erfolgen, es können aber auch unerkannte Freiräume – Möglichkeiten der Umgestaltung – genutzt werden (Ikea-Hacking, Durchbrechen von SIM-Lock). Mit dem Konzept der kulturellen Aneignung steht ein Werkzeug zur Verfügung, das tatsächlich das Handeln der Konsumenten in den Mittelpunkt stellt, dabei allerdings auch erkennen lässt, wie weit dieses Handeln von den Intentionen der Hersteller abweicht.

Mit den bislang erläuterten Aspekten der Aneignung ist die Ebene des Handelns der Konsumenten und auch deren Reichweite deutlich geworden. Es ist klar, dass einzelne Prozesse der Aneignung unterschiedliche Reichweiten haben. Zudem ist es sehr wahrscheinlich, dass sie nicht in allen Fällen mit einem klaren und allgemein anerkannten Ergebnis enden. Deshalb ist es methodisch von großer Bedeutung, dieses Konzept nicht von dem Erreichen eines Ergebnisses her zu denken, sondern es als Beschreibung eines Prozesses zu verstehen. Unter dieser Voraussetzung, dass Aneignung als Prozess aufgefasst wird, lassen sich sehr gut die folgenden fünf Aspekte herausstellen, die zuerst der Medienwissenschaftler

Roger Silverstone beschrieben hat (Silverstone et al. 1992). Waren diese Aspekte bei Silverstone noch explizit zur operationalen Beschreibung der Transformation von elektronischen Medienendgeräten (Fernsehen, Radio, PC) gedacht, so soll im Folgenden angenommen werden, dass damit Prozesse erfasst werden können, die für alle Konsumgüter gelten (Hahn 2005) (siehe Abb. 3.1). Es geht dabei im Einzelnen um:

1. Erwerb/Annahme. Der Konsumakt (also der Kauf) ist nur einer von mehreren möglichen Wegen, Dinge zu erwerben. Teilen und Tauschen zum Beispiel sind andere Wege, die den Akteuren größere Spielräume der Verhandlung eröffnen. Kreativität beginnt oft dort, wo sich autonome Konsumenten auf Augenhöhe begegnen.
2. Materielle Umgestaltung. Dinge werden in vielen Fällen dadurch zu persönlichen Gütern, dass sie eine materielle Umgestaltung erfahren. Second-Hand-Ware ist ein gutes Beispiel dafür. Man erwirbt etwas (,sehr günstig') zum Beispiel vom Flohmarkt, rechnet aber dabei bereits mit ein, dass es in der Form, in der man es erworben hat, nicht nutzbar ist: Das Kleid muss umgenäht werden, ein altes Fahrrad muss instand gesetzt werden.
3. Benennung. Neue Dinge erhalten einen lokalen Namen und werden dadurch einer Klasse der bekannten Dinge zugeordnet. Die Dinge werden damit zugleich in eine bestimmte Umgebung eingeordnet oder kategorisiert. Die Tatsache der (Um-)Benennung verweist auf die große Bedeutung einer subjektiv (aus der Sicht des Besitzers) als stimmig empfundenen Kontextualisierung. Ein Beispiel dafür ist das Wort „Handy" für Mobiltelefone im Deutschen. Dieser Begriff ist als Anglizismus mit der Aura des Internationalen verbunden, steht aber de facto für die lokale Aneignung.

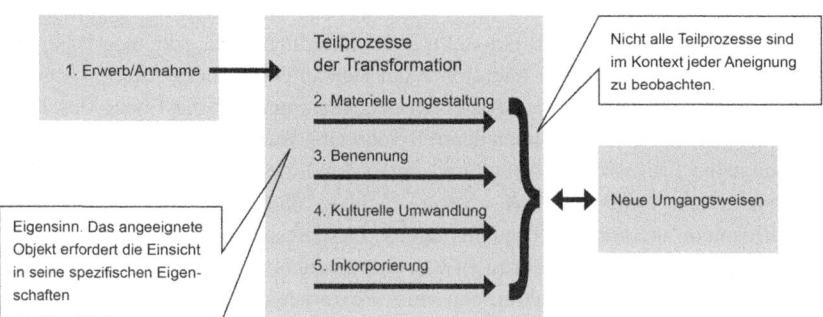

Abb. 3.1 Aneignung als strukturierter, aber ungesteuerter Prozess der Transformation. (Eigene Darstellung)

4. **Kulturelle Umwandlung.** Wesentlich für die Umwandlung ist die definitive Verbindung eines Konsumguts mit bestimmten lokalen Bedeutungen. Das kann die Assoziation zu bestimmten Objektbereichen, aber auch die Zuordnung zu einem Geschlecht, zu einer Altersgruppe oder Ähnliches bedeuten. Den Dingen werden also neue Bedeutungen zugewiesen. Mecca-Cola zum Beispiel nutzt die Aura von Coca-Cola um ohne großen Erklärungsbedarf, die eigene Wertvorstellung klar zu machen. Gleichzeitig wandelt Mecca-Cola damit das Konsumgut zu einem religiösen und politischen Medium.
5. **Inkorporierung.** Mit einem Ding ‚richtig' umzugehen, hat auch mit körperlichen Fähigkeiten zu tun. Jedes bekannte Objekt verlangt eine bestimmte Art des Gebrauchs und definiert in bestimmter Weise die Zeit, die in unmittelbarer Nähe zu dem Objekt verbracht wird. Auch die Wahrnehmung des eigenen Körpers verändert sich durch den Gebrauch des (nun nicht mehr neuen) Objekts. Der Wechsel vom Handy mit Tastatur zum Touchscreen Smartphone, brachte unter anderem neue Gesten wie swipen (mit den Fingern blättern) und pinchen (mit den Fingern vergrößern) mit sich. Bereits bei Kleinkindern lässt sich beobachten, dass sie diese Bewegungen intuitiv auszuführen.

3.1.5 Schluss

Die letzten drei Abschnitte waren einigen wichtigen Aspekten der Wahrnehmung, des Umgangs und der Bewertung von Konsumgütern gewidmet. Diese Aspekte sind weit entfernt von dem, was eingangs als selbstverständliche und grundlegende Eigenschaften von alltäglichen Waren dargestellt wurde. Wissenschaftlich gesehen ist die Auffassung, Dinge hätten „objektive Eigenschaften" oder klar definierte Funktionen, offensichtlich unzutreffend oder zumindest unzulässig verkürzend. Auf der Grundlage einiger Gegenbeispiele wurde hier für eine differenzierte Betrachtung im Rahmen bestimmter konzeptueller Vorgaben plädiert. Zu diesen Vorgaben gehört erstens die phänomenologische Einsicht in die Relevanz der Lebenswelt und zweitens die Perspektive der Konsumenten als Akteure. Daraus ergeben sich wichtige Beobachtungen über die ‚Tücke des Objekts' und über die Entstehung neuer Wahrnehmungen und Bewertungen im Moment der unmittelbaren Gegenwart eines Konsumguts. Eigenschaften von Konsumgütern sind viel weniger ‚objektiv', als es auf den ersten Blick den Anschein hat, und ihre Funktionen enthalten viel mehr Überraschungen, als es die Werbung und die Produktbeschreibungen glauben machen wollen.

Schließlich, drittens, wurde das Konzept der kulturellen Aneignung herangezogen, um einen detaillierten Blick auf die oftmals im Voraus nicht festzulegenden

Veränderungen zu ermöglichen. Ein fokussierter Blick auf die Konsumenten als Akteure führt zur Beobachtung bestimmter Teilprozesse, die – in vorgegebenen Grenzen – kontextuelle und materielle Veränderungen des Gegenstands, aber auch des Körpers des Nutzers oder Besitzers beschreiben.

Diese Prozesse sind bedeutungsvoll, weil sie eine Sicht auf Konsum jenseits der starren Welt der Warenversprechungen eröffnen. Sie liegen außerhalb dessen, was mächtige Markeninhaber und Werbestrategien vorschreiben und medial verbreiten. Es kann sich dabei um kreative Auseinandersetzungen mit den Waren handeln. Aus alltäglichen Massenerzeugnissen wird dann etwas ganz neues. Aber Kreativität ist keine Vorbedingung. Viel öfter geht es um unspektakuläre, eher der Pragmatik geschuldete Handlungsweisen. Wichtiger als das Ausmaß der Veränderungen sind der Prozess und seine Intention: Durch Aneignung entsteht etwas Neues. Es entsteht ein alltägliches Ding als Teil des Sachbesitzes eines Individuums, das hier mehrfach als „persönliches Gut" bezeichnet wurde. Es hat eine bessere Einpassung für den Nutzer, und impliziert möglicherweise neue, vom Hersteller niemals vorgesehene Funktionen.

Es ist ein Anliegen dieses Beitrags, die Definition von Konsumgütern und die Beschäftigung mit Konsum aus den Händen der Produzenten, Marken und Marketingexperten zu entreißen und auf die Bedeutung der von Letzteren weniger beeinflussbaren Handlungsfelder der Konsumenten zu verweisen. In diesem Sinne ist das hier präsentierte Plädoyer als Ermutigung zu verstehen, sich auf die Suche nach den blinden Flecken der dominanten Narrative über Konsum zu machen. Es gilt, bislang verborgene oder übersehene Handlungsmöglichkeiten der Konsumenten zu entdecken und auf diese Weise einen differenzierten Blick auf Konsum insgesamt zu erlangen.

3.2 Appropriation Art – Aneignungskunst und die Kunst der Aneignung

Manfred Luckas

Das Atelier ist zwischen den Menschen. (Beuys und Ende 1989, S. 117)

Vor einigen Jahren erregt der New Yorker Designer Marco Castro Cosio Aufsehen mit einer Kunst-Leben-Initiative der besonderen Art. Entnervt von der „delirierenden Vertikalität" (Baudrillard 1978, S. 35) aus Stahl, Glas und Beton, die seine Heimatstadt architektonisch dominiert, kommt er auf die Idee, brachliegende urbane Flächen zu begrünen. Die sollen allerdings nicht etwa auf den Dächern von Wolkenkratzern, sondern auf denen von Nahverkehrsbussen der New Yorker Metropolitan Transportation Authority liegen. Mit seinem Projekt Bus Roots verfolgt Cosio die Absicht, dem Big Apple mittels tausender bewegter Gärten wieder zu mehr Lebendigkeit und Schönheit zu verhelfen. Dass er damit auch die Busse selbst zu Kunstgegenständen macht, ist im Grunde genommen fast schon tautologisch. Schließlich sind Objekte auf vier Rädern seit Marinettis Futuristischem Manifest bekanntermaßen schöner als die Nike von Samothrake.

Tatsächlich ist dem New Yorker der ästhetische Wert, den seine Aneignung des öffentlichen Raums vermittelt, ebenso wichtig wie die konkrete Verbesserung der Lebensqualität, die eine „urban nomadic agriculture" mit sich bringt. Er unterstreicht dabei besonders die Momente des Mobilen und Spielerischen als kunstvolle Sidesteps, um die Statik und den heiligen Ernst vorgegebener Strukturen ins Leere laufen zu lassen und subversiv abzukontern. Intellektuell schlagstarker Bruder im Geiste ist ihm hier der Soziologe Michel de Certeau mit seinen „verkannten Produzenten, Dichtern ihrer eigenen Angelegenheiten und stillschweigenden Erfindern eigener Wege durch den Dschungel der funktionalistischen Rationalität" (De Certeau 1988, S. 21). Wichtig ist dem Interaktionsdesigner dabei vor allem eins: die urbanen Gärten auf den Straßen der Metropole als kreatives Medium zu begreifen, als Medium der Kommunikation zwischen den Bürgern und ihrer Stadt – eine Poetry in Motion ohne Worte, aber ganz sicher mit einer Sprache, bodenständig und versatil zugleich. Bus Roots stehen also explizit für das Gegenteil dessen, was sich im Wortsinn der naheliegenden Sentenz „Lass Gras drüber wachsen" verbirgt.

Unter genau diesem Motto bemächtigen sich Urban Hacker in einer Mainacht 2014 einer Erhebung unbestimmter Funktion, die als Manifestation der Anti-Ästhetik zwischen Bahnsteig 1 und 2 des Bahnhofs Köln-Ehrenfeld kauert. Da sie entfernt an die Betonautoskulptur Ruhender Verkehr von Wolf Vostell auf dem Kölner Hohenzollernring erinnert, wird sie in der Ehrenfelder Folklore gemeinhin „RV2" genannt. Die Aneignungskünstler, die in ihrem Atelier Öffentlicher Raum mit viel Verve ans Werk gehen, machen in besagter Nacht aus dem enigmatischen Klotz eine grüne Oase. Es sind weder die hängenden Gärten von Babylon noch die fahrenden Gärten von New York. Aber leuchtend grüne Farbe, wo vorher nur Grau war und die weiße Aufschrift „Lass Gras drüber wachsen" verändern Anmutung und Stimmung auf dem Bahnsteig signifikant.

Am darauffolgenden Mittag stehen Menschen vor dem nun zum urbanen Kunstobjekt mutierten Pseudo-Bunker. Die Veränderung fällt positiv auf, weckt Erstaunen und regt zu Diskussionen an. Dem neuen belebenden Element wird offenkundig Sympathie entgegengebracht. Der naheliegende Versuch, die gelungene Appropriation am nächsten Tag im Bild festzuhalten, kommt dann leider schon zu spät. Die Metamorphose des Betonblocks, der sich, wie das gesamte Bahnhofsgelände, offenkundig im Besitz der Deutschen Bahn AG befindet, stößt nämlich bei den Verantwortlichen vor Ort nicht auf Wohlwollen. Entsprechend entschlossen wird gehandelt, es wächst definitiv kein Gras über die Sache. Schnell stellt die robuste Übermalung in einem ebenso monochromen wie diffusen Braun die dezent depressive Ausstrahlung des Vorgängers wieder her: Mission completed appropriation deleted.

Was will uns der Autor damit sagen? Vielleicht, dass der öffentliche Raum ein künstlerisches Medium ist wie eine Leinwand oder eine Fotografie. Dass die künstlerische Freiheit zwangsläufig an die Grenzen derer stößt, die wollen, dass die Dinge, von denen sie glauben, dass sie ihnen gehören, so bleiben wie sie sind. Dass diese Dinge fast alles sein können – Bilder, Skulpturen, Straßen, Plätze und ja, natürlich auch Marken – und dass in diesem Kontext fast alles Kunst sein kann und fast jeder ein Künstler. Zumindest jeder Mensch, der sich, im Sinne und mit den Worten von Joseph Beuys, als „sich selbst bestimmendes Wesen, als Souverän schlechthin versteht und da, wo er seine Fähigkeiten entfaltet, zum Künstler wird" (Brügge 1984).

Welchen optionalen Verlauf hätte der Aneignungs-Tatort Bahnhof Ehrenfeld denn nun nehmen können, wenn das Drehbuch eine andere Dramaturgie und andere Protagonisten vorgesehen hätte? Welche Alternativen wären zu der harschen Reaktion, die doch eher freundliche Übernahme beinahe in Echtzeit wieder auszulöschen, vorstellbar gewesen? Als Alternative I drängt sich hier die sattsam bekannte Strategie auf, sich nicht zu verhalten – zumeist deshalb, weil man das, was sich an der Peripherie oder auch gleich vor der eigenen Haustür tut, gar nicht wahrnimmt, sei es aufgrund kultureller Sehschwäche oder weil es wirklich nicht stört. Oder weil man zwar auf der Analyse- und Erkenntnisebene stark, auf der Handlungsebene aber inkonsequent ist, also bequem, lethargisch, höchstens stark im Gras-drüber-wachsen-lassen. Fehlende Konsequenz kann man denen, die das Grün so humorlos wie effizient entfernten, sicher nicht vorwerfen. Sie haben ihrem Selbstverständnis gemäß gehandelt und die künstlerische Guerilla-Aktion als Angriff auf ihre Autorität interpretiert, als Markenrechtsverletzung, wie man in einem ökonomisch-juristischen Zusammenhang sagen würde.

Aber wir haben ja noch Alternative II im Angebot: die Akzeptanz, den Schulterschluss, im besten Falle sogar die Ermutigung. Warum sich die Dinge nicht erst einmal in Ruhe anschauen, den Zeichen lauschen? Warum das Neue nicht als Möglichkeit begreifen, als kreative Intervention des Systems zum Wohle aller, letzthin als Gesprächsangebot im öffentlichen Raum? Eine entspannte, souveräne Haltung, mithin die, die sich einem Souverän geziemte, läse sich wie folgt: „Uns gefällt das, was ihr macht. Macht noch mehr. Ihr seid die Kreativen. Wir brauchen euren Input. Aber wenn ihr zu viel macht, lasst uns darüber reden!"

"O brave new world that has such people in't", wie Shakespeare in seinem Sturm (V, i) so schön sagt. Die Realität sieht nämlich oft anders und trüber aus. Davon kann die Appropriation Art, die Kunst, sich Kunst anzueignen und daraus neue Kunst zu machen, ein Lied singen. Ein Lied, das inzwischen sicher auch schon wieder gesampelt und remixed worden wäre. Die Strategien dieser historisch in den 1980er-Jahren verorteten Kunstrichtung stehen nämlich mittlerweile „im weiteren Sinne für einen omnipräsent gewordenen kreativen Schaffensmodus, der inzwischen alle Bereiche künstlerischer Praxis erfasst", wie Anna Blume Huttenlauch 2006 auf artnet.de schreibt. Für die Appropriation Art ist alles Material und Vorlage, das dazu einlädt, dekontextualisiert, neu arrangiert und interpretiert zu werden. Deshalb sind juristische Probleme vorprogrammiert, kollidiert das Recht auf künstlerische Freiheit doch zwangsläufig mit dem Urheberrecht, das Werte wie Innovation, Kreativität und Originalität schützt. Dazu nochmals Huttenlauch an gleicher Stelle: „In juristischer Hinsicht ist Appropriation Art darauf angewiesen, dass der Rechteinhaber des benutzten Werks der Wiederverwertung entweder ausdrücklich zustimmt, sie zumindest billigt oder gar nicht erst davon erfährt". Ähnlichkeiten mit weiter oben geschilderten Beispielen sind keineswegs zufällig und ausdrücklich gewollt.

Dass, was der Aneignungskunst bis heute ihre Sprengkraft verleiht und sie im vorliegenden Kontext so spannend macht, ist ihr furchtloses Fragen nach der Berechtigung der hohen Güter Autorschaft, geistiges Eigentum und immer wieder Originalität. Diese heilige Dreifaltigkeit der Hochkultur sieht sich dem romantisch-klassischen Geniebegriff des 19. Jahrhunderts verpflichtet, sie rekurriert auf den großen schöpferischen Akt, in dem alles Bedeutende, Schöne, Gute und Wahre entsteht. Dass die strategische Aneignung fremder Vorlagen, die bewusst und ausdrücklich die Inszeniertheit des Vorgehens betont, einen großen künstlerischen Eigenwert besitzt, der sich kulturell entsprechend anderweitig verortet, betont Donald Crimp: „Needless to say, we are not in search of sources or origins, but structures of signification: underneath each picture there is always another picture" (Crimp 1975, S. 186).

Es geht also letzten Endes um Bedeutung und die Multiplikation von Bedeutung. Die gebiert sich nicht daraus, dass die angeeigneten Kunstwerke, Texte, Gegenstände oder Produkte autonom und hermetisch sind, sondern vielschichtig und dass zwischen den vielen Schichten viel Platz für neue Bedeutungen ist. Für den, der einmal Moby Dick von Herman Melville gelesen hat, ist ein weißer Wal mehr als nur ein weißer Wal, sondern eine Metapher für den einsamen Kampf des Menschen gegen die Natur. Für die ist ein Bahnhofsrelikt aus Beton, das an eine Vostell-Skulptur erinnert, selber ein kurzes Dasein als Kunstwerk fristet, um dann gleich wieder entzaubert zu werden und trotzdem in das Aneignungsnarrativ einer bestimmten Community einzugehen, mehr als nur ein Stück Beton, sondern ein beziehungsreiches Artefakt. Sherrie Levine schildert das Wesen ihrer künstlerischen Arbeit ähnlich: „Ich wollte in sich selbst widersprüchliche Bilder herstellen. Ich wollte ein Bild über ein anderes legen, so dass man mal beide Bilder sehen kann und mal beide Bilder verschwinden [...]. Energie wird durch die Interaktion zwischen Dingen aufgebaut. Eins und eins ergibt nicht immer zwei, sondern manchmal fünf oder acht oder zehn" (Levine 2002, S. 85).

Angeeignete Dinge werden komplex und mehrdeutig, sie beginnen ein Eigenleben zu führen, in dem sich alles, Schicht für Schicht, wie in einem Palimpsest aufeinander bezieht und nicht nur den angeeigneten Gegenstand, sondern auch den Appropriateur verändert. Nichts ist mehr so, wie es vorher war. Weder sind die Fragen einfacher noch die Antworten klarer geworden. Ist denn nicht letzten Endes die Kopie das Original? Und warum soll ein Zitat weniger originell sein als ein eigener Satz von mir, von dem ich ja oft gar nicht mehr weiß, ob und wann ich ihn nicht vielleicht auch schon einmal irgendwo gelesen habe – z. B. einen Satz von Pierre Bourdieu wie diesen hier: „Zitieren", sagen die Kabylen, „ist wiederbeleben" (Fraser 2002, S. 87).

Und um die Lust an der Lebendigkeit geht es ja hier, um die subtile und subversive Kunst des Spielerischen, die kreative Kolonisierung der Zwischenräume, die generative Kraft des Unernsten im Kampf gegen die Langeweile des Konfektionierten. Appropriation Art im Sinne eines sehr weit gefassten, entgrenzten Kunstverständnisses ist ein Plädoyer für Vielfalt, Heterogenität und Polyvalenz, aber auch für die Relativierung tradierter Wertigkeiten und Hierarchien. Auch sie selber hat den Stein der Weisen noch nicht gefunden und hatte wohl auch nie wirklich vor, ihn zu suchen. Wahrheit und Bedeutung liegen per definitionem vielmehr im Dazwischen – so wie das Atelier zwischen den Menschen liegt – und sie gehören keinem bzw. allen. Michalis Pichler darf in seinem 18. Statement on Appropriation von 2009 abschließend den letzten Wirkungstreffer in puncto Aneignung setzen: „No poet, no artist, of any art has his complete meaning alone."

3.3 Consumer Culture – Kultivierung von Konsumentenbildern neu denken

Jürgen Schulz und Robert Caspar Müller

Consumer Culture erscheint vielen wie ein Oxymoron. Denn wenn über Konsumkultur oder die Konsumgesellschaft gesprochen wird, so findet dies häufig mit einem gewissen konsum- und damit kulturkritischen Unterton statt (vgl. Schulz 2014). Noch immer sind die Debatten geprägt von der Unterscheidung zwischen legitimer Hochkultur und den vermeintlich banalen alltagskulturellen Praktiken eines (Massen-)Konsums von Waren, zwischen den richtigen und den falschen Bedürfnissen, zwischen intellektuellem Vergnügen und hedonistischem Materialismus. Kritisch gewendet stehen Konsum und Kultur komplementär zueinander, so dass dem massenhaften Konsum eine Kulturlosigkeit unterstellt wird. Unterstützt werden diese Debatten nicht zuletzt vom Marketing selbst, wenn etwa das Marktforschungsinstitut Sinus Sociovision Konsumentengruppen als „hedonistische Materialisten" segmentiert.

Konsumkultur wird gemeinhin als Folge der kapitalistischen Industrialisierung und dem Aufkommen der Massenproduktion zu Beginn des 20. Jahrhunderts gesehen. Gestiegener Wohlstand und Kaufkraft schlagen sich dabei in dem Wunsch nach immer neuen Waren- und Erlebnisangeboten nieder. Dabei handelt es sich keineswegs um ein Phänomen der späten Moderne und Postmoderne. Während das 18. Jahrhundert heute vor allem als Zeit der Aufklärung und Vernunft gilt, besaß zu jener Zeit auch das Fiktive, das Nicht-Rationale eine große Anziehungskraft. Der deutsche Historiker Michael North (2003) zeigt, wie der Adel aber auch das neue Bürgertum bereits im 18. Jahrhundert über den Konsum von Kunst und Kultur nach neuen Erlebnissen, Unterhaltung, Glück und nicht zuletzt Distinktion strebten. Für diesen Kulturkonsum entstand ein vielfältiges Angebot an Literatur, Konzerten, Theaterstücken und Ausstellungen, das für einen wachsenden Teil der Bevölkerung vermarktet und zugänglich wurde. Auch die feinen Unterschiede der Wohnraum- und Gartengestaltung, Mode, Luxusgüter, Genussmittel wie Tabak, Kaffee und Tee sowie Reisen rückten nun in das Interesse derer, die es sich leisten konnten.

Für den britischen Soziologen Mike Featherstone ist Konsum nicht lediglich eine der Produktion nachgelagerte und von ihr abgeleitete Aktivität. Featherstone versteht Konsumkultur selbst als eine produktive Kultur des Konsums. Ein entsprechendes Verständnis von Konsumkultur findet sich heute vor allem in der verhältnismäßig jungen wissenschaftlichen Disziplin der Consumer Culture Theory. Deren Vertreter Arnould und Thompson definieren Konsumkultur als eine soziale Ordnung, in der die Beziehungen zwischen gelebter Kultur und gesellschaftlichen Ressourcen, zwischen sinnstiftenden Lebensweisen und den symbolischen und materiellen Ressourcen, die dazu benötigt werden, von Märkten vermittelt werden. Für diese Kultur des Konsums steht Konsumenten gegenwärtig ein fast unerschöpfliches Repertoire an Produkten, Marken, Zeichensystemen und Bedeutungen zur Verfügung, das sie für ihre persönlichen und kollektiven Identitätsprojekte nutzen können.

Es sollen an dieser Stelle vor allem jene Positionen näher beleuchtet werden, die die Praktiken einer Kultur des Konsums zu erklären versuchen, indem sie von den Akteuren ein bestimmtes Bild entwerfen. Diese Konsumentenbilder sind meist implizite Annahmen über Verbraucher und ihre kulturellen Alltagspraxen des Konsums, wie sie beispielsweise in den Marketingwissenschaften, aber auch von Seiten der Industrie, der Politik oder von Verbraucherschützern etc. aus spezifischen Interessen vertreten werden.

Konsumkultur heute, so die These, kann in ihren Spielarten, ihrer Komplexität und Widersprüchlichkeit als eine Kultivierung von Konsumentenbildern verstanden werden.

3.3.1 Konsumentenbilder alt denken

Jede (Marken-)Kommunikation unterstellt automatisch auch ein bestimmtes Menschenbild.

Ein kurzer geschichtlicher Rückblick soll das verdeutlichen. Die abendländische Philosophie ist von zwei konträren Menschenbildern geprägt: dem Homo animalis und dem Animal rationale. So entwickelte Thomas Hobbes ausgehend von der Vorstellung, der Mensch sei von Natur aus der gefährlichste Feind des Menschen (Homo Homini Lupus), eine absolutistische Staatstheorie mit dem Leviathan als allmächtigen Souverän, der diese naturbedingte Gewalt und Gesetzlosigkeit zu bändigen vermag. Ganz anders ist das Menschenbild von Rousseau, für ihn ist der Mensch von Natur aus gut. Dieser Mensch ist frei geboren und hat ein natürliches Bedürfnis zu lernen, das es zu fördern gilt, um ihn zu einem auf Vernunft basierenden Handeln und friedlichen Zusammenleben zu befähigen.

Jene Antinomie des Menschenbildes zieht sich in Form von grundsätzlich verschiedenen Konsumentenbildern bzw. „Verbraucherleitbildern" auch durch die Geschichte der Markenkommunikation und ihren Stakeholdern aus Marketingwissenschaften, Wirtschaft, Politik und Werbepraxis.

Im Politischen salonfähig und entsprechend im Koalitionsvertrag der Bundesregierung von 2009 postuliert, ist der „gut informierte und zu selbstbestimmtem Handeln befähigte und mündige Verbraucher". Dieses Bild eines kompetenten und vernunftbestimmten Konsumenten entstammt dem Konzept der Consumer Sovereignty von William H. Hutt aus dem Jahr 1936. Hutt übertrug den Souveränitätsbegriff aus der politischen Theorie in die Ökonomie beziehungsweise Konsumforschung. Ebenso wie im politischen System der Demokratie das Volk eine wesentliche mitbestimmende Funktion einnimmt, soll hier der Konsument bestimmen, was produziert und abgesetzt wird. Doch nicht nur Aspekte aus der politischen Philosophie finden sich hier wieder, sondern auch solche der frühen Nationalökonomie. So postulierte schon Adam Smith dass die Befriedigung der Interessen der Konsumenten der wesentliche Zweck der Produktion sei. Hutt schreibt den kollektiven Kaufentscheidungen der Konsumenten die Macht darüber zu, welche Produkte sich am Markt durchsetzen und welche aus den Sortimenten mangels Nachfrage wieder verdrängt werden. Der Verbraucher bestimmt also über den Erfolg und Misserfolg von unternehmerischen Aktivitäten – eine Vorstellung, die auch hinter dem Gemeinplatz „König Kunde" steht, mit dem Unternehmen gern ihre Kunden adeln. Der Gründer der gleichnamigen Werbeagentur J. Walter Thompson beschreibt einen entsprechend mächtigen Konsumbürger:

> Under private capitalism, the consumer, the citizen, is boss. The consumer is the voter, the juror, the judge and the executioner. And he doesn't have to wait for election day to vote. [...] The consumer ‚votes' each time he buys one article and rejects another. (1937, o. S.)

Der Begriff der Konsumentensouveränität wurde später vor allem von Vertretern der neoklassischen Wirtschaftstheorie aufgegriffen und im Sinne des Homo oeconomicus interpretiert. Dieses Menschenbild geht von einem strikt rationalen Nutzenmaximierer aus. Eingriffe in dessen Autonomie und damit den „freien Markt" sind demzufolge abzulehnen. Ganz in diesem Sinne fordert auch der SPIEGEL-Redakteur Alexander Neubacher (2013, S. 33): „Wer dem Durchschnittsverbraucher Konsumvorschriften machen will, sollte sich daran erinnern, dass dieser kein Hanswurst ist, sondern der Souverän im marktwirtschaftlichen System."

Doch zurück zu Thompson: Denn um bei den Kaufentscheidungen des Souveräns etwas nachzuhelfen, hatte seine Agentur in New York bereits in den 1920er Jahren den renommierten Psychologen und Begründer des Behaviorismus John B. Watson eingestellt. Watson war überzeugt davon, dass er Menschen durch ihre angeborenen emotionalen Reaktionsweisen konditionieren und somit beeinflussen könne. Schon zu jener Zeit traten also jene konträren Vorstellungen vom Verbraucher und seinem Handeln zutage, die auch ganz aktuell noch für kontroverse Diskussionen sorgen. Denn inwiefern der Verbraucher tatsächlich als Souverän des Marktes selbstbestimmt durch die weite Werbe- und Warenwelt navigiert oder doch als passiv-naives „Konsumäffchen" (Kroeber-Riel 1988, S. 679) von Werbung und Warenästhetik manipuliert werden kann, ist weiterhin strittig.

Großes Aufsehen erregte vor allem das schon im Jahr 1957 veröffentlichte Buch *The hidden persuader* von Vance Packard. Er beschreibt einen scheinbar willenlosen Konsumenten, der durch Reize wie einzelne Wörter oder Bildeinblendungen, die nur für Millisekunden erzeugt werden, unterschwellig beeinflusst werden könne. Ebenfalls an Bedeutung gewinnt zu dieser Zeit die Motivforschung. Deren Pionier Ernest Dichter adaptiert die auf Freud zurückgehende Tiefenpsychologie für die Konsumentenforschung. In seinem Buch *The Strategy of Desire* von 1960 geht Dichter noch einen Schritt weiter als Packard und erklärt die alltägliche Beeinflussung zum Normalfall. Da die meisten menschlichen Handlungen als Ergebnisse von Spannungen zu verstehen seien, die wir aufzulösen versuchen, könne der Konsument durch Werbung entsprechend manipuliert werden. Mit dieser verlockenden These sollten Dichter und sein Institute for Motivational Research wie schon Watson einige Jahre zuvor zu einem gefragten Geschäftspartner für Werbeagenturen und Industrie werden.

In den 1980er Jahren begründet Werner Kroeber-Riel mit seinem vor allem im deutschen Sprachraum populären Werk *Strategie und Technik der Werbung* die Psychobiologie als Strang der Werbewirkungsforschung. Kroeber-Riel verfolgt einen neobehavioristischen Ansatz, nach dem der stets informationsüberlastete Konsument lediglich auf Reize reagiere und sich daher mittels Sozialtechniken emotional konditionieren lasse. Im Sinne bester deutscher Ingenieurskunst verkündet sein Schüler Esch einige Jahre später in der F.A.Z.: „Man muss einen Markenchip in den Köpfen der Kunden implementieren" (2002, S. 25). Wie und vor allem wo genau dieser Markenchip implementiert werden muss, möchte das zeitgenössische Neuromarketing aufzeigen. Davon ausgehend, dass ein Großteil an Entscheidungen durch die menschliche Evolution programmiert sei und unbewusst ablaufe, versuchen entsprechende Experten wie Hans-Georg Häusel (2012) das Gehirn des Konsumenten mittels moderner Hirnscanner als „Limbic® Map" für das Marketing zu kartographieren, um Markenwahrnehmung und Kaufentscheidungen zu beeinflussen. Die bunten Bilder aus dem Magnetresonanztomographen, auf die sich das Neuromarketing beruft, sind freilich kritisch zu betrachten – sie stellen lediglich die Durchblutung einzelner Hirnregionen dar, denen bestimmte Funktionen zugesprochen werden (Siehe Abb. 3.2).

Die entscheidende Popularisierung für die breitere Öffentlichkeit erfuhr der naive – und somit schutzbedürftige – Konsument jedoch durch eine paradoxe Allianz. Denn prominente Vertreter des Gegen-Diskurses, die den Menschen durch Werbung, Warenästhetik, Kulturindustrie und Massenmedien kontrolliert sehen, unterstellen in ihrer Kritik ein identisches Menschen- und Konsumentenbild wie jene, die sie kritisieren. So postulieren Horkheimer und Adorno, dass der Konsument durch Produkte der Kulturindustrie verdummt und in einen „Zirkel von Manipulation und rückwirkenden Bedürfnis" (1947, S. 129) versetzt werde, aus dem er nicht mehr herauskomme. Die dafür mitverantwortlichen Werbeagenturen bezeichnet Wolfgang Fritz Haug in seinem Aufsatz zur Ästhetik von Manipulation als „Ingenieure der Seele" (1963, S. 23) – eine Metapher, der sicher auch der Werbetechniker Kroeber-Riel zustimmen würde. Auch Herbert Marcuse greift den Gedanken von Reklame als „Psychotechnik" der Kulturindustrie auf und sieht die Menschen durch den „hypnotischen Charakter" massenmedialer Ansprache in ihren Wohnzimmern stetig „suggestiven Befehlen" ausgesetzt (1964, S. 110). Der Konsument im Spiegel der kritischen Theorie erscheint als Massenmensch, unfähig zu individueller Rezeption und Verhalten, berechen- und manipulierbar. Er leidet an einer ihm eingeimpften Sucht nach dem Neuen, dem zwanghaften Stre-

Abb. 3.2 Die Ursprünge der Neurochirurgie: Holzschnitt aus Hans von Gersdorffs „Feldbuch der Wundarzney" (1517)

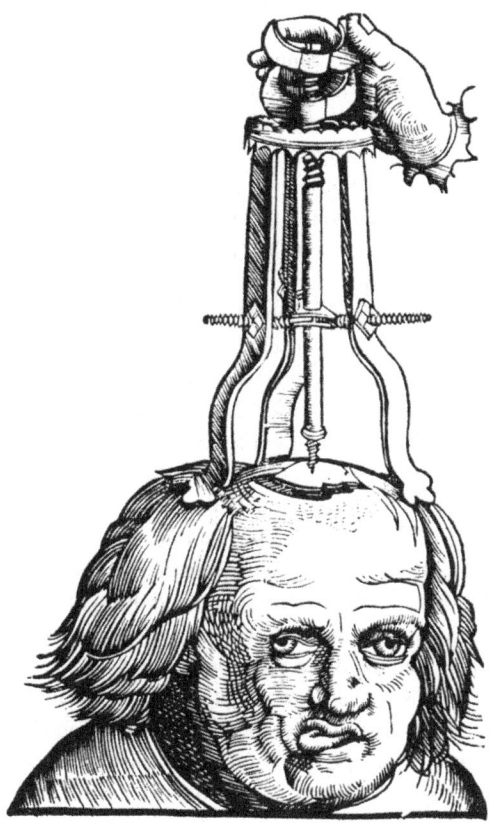

ben nach neuen Reizen, die er durch den fortlaufenden Konsum von Unterhaltung und Waren befriedigen muss.

3.3.2 Konsumentenbilder neu denken

Doch wie ist ein aktualisiertes, zeitgemäßes Konsumentenbild für die Consumer Culture des 21. Jahrhunderts zu skizzieren, das Phänomene wie Identitätskonstruktion, Aneignung und Prosumtion einschließt?

Theoretiker des Gegenentwurfs zum Mainstream der Werbe- und Marketingwissenschaften ist der französische Denker Michel de Certeau (1988). Für ihn stehen vor allem die Aktivitäten von Verbrauchern, die angeblich zu Passivität und Anpassung verurteilt sind, im Fokus. Das dazugehörige Schlagwort „Détournement" stammt aus der Kunstbewegung der Situationisten. Détournement bedeutet im übertragenen Sinne Zweckentfremdung der vorgegebenen Bedingungen und Artefakte. Der Mensch wird zum Taktiker des Konsums. Verbrauch wird zur Kunst des Gebrauchs von Produkten. Das Bild eines Prosumenten geht zurück auf Alvin Toffler et al. (1980). Für sie ist die Herstellung von Gütern ein Transformationsprozess der eingesetzten Materialien. Dieser endet nicht am Ladenregal, sondern wird vielmehr vom Käufer weitergeführt (1980, S. 262).

Vergleichbar mit De Certeau hat der Ethnologe Claude Lévi-Strauss Vorstellungen geistig-kognitiver Unterlegenheit indigener Kulturen kritisiert. Die von Lévi-Strauss geprägten Modi der „Bastelei" und des „wilden Denkens" (1968) beschreiben einen Menschen, der aus einem Repertoire von Gegenständen, aber auch Texten und Gedanken auswählt, sammelt, mit diesen spielt und neue Bedeutungen konstruiert. Der Mensch „spricht nicht nur mit den Dingen, […] sondern auch mittels der Dinge", so Lévi-Strauss (1968, S. 34). In einem anderen Zusammenhang hat Ernst Cassirer diese produktiven Fähigkeiten des Menschen hervorgehoben und dem Animal rationale das Menschenbild Animal symbolicum gegenübergestellt. Dieses „lebt nicht mehr in einem bloß physikalischen, sondern in einem symbolischen Universum. Sprache, Mythos, Kunst und Religion sind Bestandteile dieses Universums. Sie sind die vielgestaltigen Fäden, aus denen das Symbolnetz, das Gespinst menschlicher Erfahrung gewebt ist" (Cassirer 2007 [1944], S. 50). Diese Fähigkeit zum symbolischen Denken befreit den Menschen zugleich von dem Problem, dass er ja bekanntlich nur mittelbar die Welt erfahren kann.

Wissenschaftliche Heimat für die Erforschung dieses Menschen- und Konsumentenbildes ist die „Consumer Culture Theory". Sie untersucht unter anderem, wie aktive Konsumenten heute als Produzenten von symbolischen Bedeutungen mittels der Aneignung oder Zweckentfremdung von Marken, Produkten und Werbung ihre persönlichen Identitätsprojekte verfolgen. Dabei wird z. B. ganz im Sinne De Certeaus der Konsum von Produkten, Marken und Werbung als produktiver, kreativer wie auch im Kern sozialer Akt verstanden.

Ein anderer Forschungszweig beschäftigt sich mit der Vernetzung des Konsumenten zu Brand Communities. Es konnte beispielsweise empirisch nachgewiesen werden (Mead et al. 2010), dass Konsumenten ihre Käufe strategisch tätigen, um damit soziale Bindungen zu stärken. Hervorzuheben ist ebenfalls die Forschung zur Identität des Konsumenten. So diagnostizieren Gabriel und Lang (1995) die Herausbildung multipler und paradoxer Konsumententypen in einer Person – für das Marketing nahezu unberechenbar.

Postmoderne Konsumenten kennen inzwischen auch die Hinterbühne von Werbung und Marken-Management. Vor allem junge Menschen besitzen ein ausgeprägtes Persuasionswissen (vgl. O'Donohoe 2001), durch das sie Manipulationsversuche blitzschnell entschlüsseln und auch jede gut gemeinte Fokusgruppe untergraben können. So lassen sich in den Alltagspraxen der Consumer Culture vielfältige Formen von Widerstand beobachten, mit denen Konsumenten sich den intendierten Wirkungen der Kommunikatoren entziehen. Identität wird so beispielsweise nicht durch den Konsum bestimmter Marken konstruiert, sondern durch ihren strategischen Nicht-Konsum – ein Verhalten, dass Holt (2002, S. 71) in einer Extended Case Study als „reflexive resistance" identifiziert. All das erinnert an ein Zitat von Niklas Luhmann über die Realität von Werbemedien: „Die Werbung sucht zu manipulieren, sie arbeitet unaufrichtig und setzt voraus, daß das vorausgesetzt wird." (1995, S. 85) (Abb. 3.3).

3.3.3 Über die Verwendung der Konsumentenbilder neu nachdenken

Ist der Konsument nun ein souveräner König Kunde, ein Konsumäffchen oder ein postmoderner Prosument oder irgendetwas dazwischen? Wir müssen Sie leider enttäuschen – weder noch. Keines der drei Konsumentenbilder vermag die menschliche Spezies umfassend zu erklären. Trotzdem erfüllen Konsumentenbilder wichtige Zwecke und sind damit für ihre Anwender hilfreich. Sie sind nach Vaihinger in erster Linie dienstbare Fiktionen oder Als-obs. Vaihinger bezieht sich dabei im Jahr 1911 noch ausdrücklich auf den Dienst des Als-ob für den Fortschritt der Wissenschaft und bezeichnet diese auch als „legitimierter Irrtum". Erinnern Sie sich an Hobbes Leviathan und seine Annahme, dass der Mensch dem Menschen ein Wolf ist, als Begründung für die notwendige Existenz eines absoluten Herrschers. Auch der Homo oeconomicus ist empirisch widerlegt, aber gleichzeitig legitime Grundlage der Entscheidungsfindung in ökonomischen Zusammenhängen. Ohne

Abb. 3.3 Selbstreferenzielles Spiel mit dem Persusasionswissen von Konsumenten: Plakatmotiv von Lucky Strike (Flickr 2002)

den Homo oeconomicus ist Wirtschaft(swissenschaft) nicht denkbar. Um Realität erfassbar und Entscheidungen möglich zu machen, bedient sich der Mensch seit jeher gedanklicher Kunstgriffe und fiktiver Menschenbilder. Somit dienen die drei Konsumentenbilder vor allem dem Zweck, in politischen, ökonomischen oder juristischen Diskursen ein bestimmtes Vorgehen zu rechtfertigen oder Maßnahmen zu legitimieren. Der strategische Einsatz von Als-obs lässt sich auch in der Genealogie des Konsumentenbildes nachverfolgen. Nahezu jede politische Diskussion birgt Annahmen über den Menschen an sich bzw. Teile der Bevölkerung – so z. B. in der Verbraucherpolitik.

Doch auch die Positionen, die einen naiven Konsumenten unterstellen, sind produktive Fiktionen, um z. B. Entscheidungen im Marketing zu legitimieren. Es erscheint offensichtlich, dass hier unter Zuhilfenahme empirisch eben (noch) nicht empirisch eindeutig bewiesener bzw. zu beweisender Annahmen über Konsumentenverhalten und Konsumkultur versucht wird, das eigene Modell als Dienstleistungsangebot für die Werbewirtschaft zu monetarisieren. Nicht zuletzt forderte schon Kroeber-Riel: „Der Köder muß dem Fisch und nicht dem Angler schmecken!" (1988, S. 50). Zwar scheint ein postmodernes Konsumentenverständnis auch in der betriebswirtschaftlich geprägten Marketingwissenschaft an Bedeutung zu gewinnen (u. a. Vargo und Lusch 2004), doch orientiert sich ein Großteil der zeitgenössischen Markenkommunikation weiterhin am Bild eines eher simpel gestrickten Verbrauchers, der etwa mit Bildern als „schnellen Schüssen ins Gehirn" (nochmals Kroeber-Riel 1993, S. 53) beeinflusst werden kann. Längst dienen diese Vorstellungen den Werbekritikern im Speziellen und der Kapitalismuskritik im Allgemeinen. Auch basieren die Regulierungen und Restriktionen von Werbung auf der Annahme vom naiven Konsumenten.

Das Menschenbild der Consumer Culture Theory ist aus wissenschaftlicher Perspektive äußerst reizvoll. Nicht zuletzt durch den Cultural Turn fiel der Blick vom Massenmarkt auf das Individuum und seine Aneignungspraxen. Die Vielfalt wissenschaftlicher Erkenntnis darüber, „wofür es sich zu leben lohnt" (Pfaller 2011) erscheint unermesslich – jedem Tierchen sein Pläsierchen, auch wenn es sich bei näherer Betrachtung um „Konformisten des Andersseins" (Bolz 1999) handelt. Dabei erscheint die Beschäftigung damit in ihrer antikapitalistischen und alltagskulturwissenschaftlichen Pose sogar sympathisch. Man muss als Marketingwissenschaftler kein schlechtes Gewissen mehr haben. Punk, Guerilla, Konsumrebellion, „Cultural Hacking" (Liebl et al. 2005) sind die Stichworte und bei Gruner + Jahr erscheint Business Punk, während die Financial Times eingestampft wird. Kapitalismus und Marketing können gar nicht so böse sein, wie es die kritische Theorie noch annahm, weil die Konsumenten weniger blöd sind als vermutet. Im Gedenken an Odo Marquard (1981, S. 122) passt hier die schöne Formulierung vom „Entbösen des Bösen".

3.3.4 Und nun? Markenführung in der Führungskrise

Die Führung von Marken ist Gegenstand von Forschung und Lehre der Betriebswirtschaftslehre. Das Teilgebiet der Marketingwissenschaft wie auch die Praxis haben in den vergangenen hundert Jahren ein ganzes Arsenal an Steuerungsgrößen und -mechanismen entwickelt. So gibt es beispielsweise das Markenidentitätsprisma (Kapferer 1992, S. 51), das Markensteuerrad (Esch et al. 2005, S. 120), die „Brand Resonance"-Pyramide (Keller 2013, S. 108) oder die von McKinsey entwickelte „MarkenMatik" (Riesenbeck und Perrey 2004, S. 73).

Damit wurden ein bestimmtes Führungsverständnis und ein bestimmtes Menschenbild im wahrsten Sinne kultiviert. Wie schwer davon loszukommen ist und wie sehr Wissenschaft und Fachwelt an ihren Tools festhalten, zeigt das Beispiel der Positionierung. Zu den Mysterien von Marketing und Markenführung gehört die Positionierung. Mysterium vor allem deshalb, weil die Markenpositionierung als Conditio sine qua non auf der Agenda der Organisationen ganz oben steht wie ein Fels im Branding, an dem nichts und niemand zu rütteln vermag.

Der Terminus stammt wie viele andere Bezeichnungen im Management aus dem Hauptquartier der Führung, dem Militär. Ursprünglich galt unangefochten, dass es die Position auf einem definierten und allgemein anerkannten Hauptkampfplatz ist, die über Sieg und Niederlage entscheidet (siehe Abb. 3.4). Gewonnen hatte der Kombattant, der den Hauptkampfplatz erfolgreich verteidigte. Zentraler Kampfplatz der auf das Management transformierten Positionierung ist das Positionierungskreuz in seinen Variationen oder die Portfoliomatrix.

Die Positionierung suggeriert im Krieg wie im Management, dass eine Position die richtige und entscheidende ist. Und diese Position muss ausgewählt und besetzt werden. Der klassische Positionierungsansatz versucht Komplexität zu reduzieren. Der USP (Unique Selling Proposition) setzt auf ein Argument als Verkaufsversprechen zur Differenzierung von anderen Angeboten. Ein Argument ist dann (kriegs-) entscheidend.

Zurück zum Militärischen: Spätestens nach den desaströsen Erfahrungen mit Positionierungs- bzw. Stellungskriegen im Ersten Weltkrieg sind Positionierungen im Militärischen nur noch Gegenstand taktischer Überlegungen. Umso bemerkenswerter, wie die strategische Unternehmens-, Marketing- oder Kommunikationsplanung an der Metapher der Positionierung festhält.

Robert H. Scales (2004) beschreibt aus den Erfahrungen mit asymmetrischen Konflikten das Konzept des „Culture-Centric Warfare". Dieser Ansatz relativiert die militärtechnologischen Möglichkeiten und betont stattdessen weiche Faktoren wie Motivation, Intention, Methode und Kultur waffentechnisch wie zahlenmäßig unterlegener Gegner. Kommunikativ wie militärpraktisch lässt sich deren Vorgehen nach Michel de Certeau als „Taktik" des Kriegs der vierten Generation be-

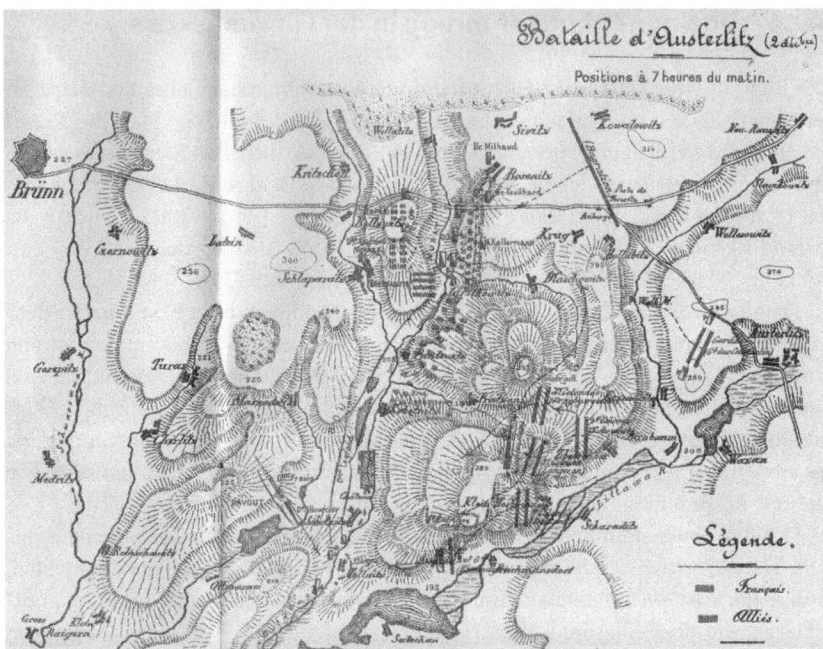

Abb. 3.4 Taktische Darstellung: Positionierung der Truppen am „Hauptkampfplatz" der Schlacht bei Austerlitz (1805)

schreiben. Dabei wird die Positionierung sogar zum Risiko, weil sie die Anderen (Konkurrenten, Kunden, Interessengruppen etc.) zu Manövern der Aneignung und des Umfunktionierens motiviert (De Certeau 1988, S. 23).

Nimmt man den Ansatz des Culture-Centric Warfare ernst, dann besteht weniger Positionierungs-, sehr viel mehr Kommunikationsbedarf – genauer Narrationsbedarf. Dass nämlich die besseren Geschichten nicht selten ausschlaggebend sind für den militärischen Erfolg, wusste bereits zur Zeit der Kreuzzüge der Abt von Cluny, Petrus Venerabilis, und ließ sich zu dem für damalige Verhältnisse kühnen Unternehmen der ersten Koranübersetzung ins Lateinische hinreißen. Le Goff bemerkt dazu, dass „Petrus Venerabilis als erster die Idee hatte, die Moslems nicht auf militärischem, sondern auf geistigem Gebiet zu bekämpfen" (1986, S. 22). Fast 1000 Jahre später stehen wir in nahezu allen gesellschaftlichen Bereichen einer vernetzten globalisierten Welt – so schließt sich der Kreis – vor ähnlichen Herausforderungen.

Bemerkenswert ist, dass in den Think Tanks der Militärs längst über strategische Narrationen, „Strategic Narratives" (Freedman 2006, S. 22), diskutiert wird, während man in den Chefetagen der Unternehmen, aber auch der Parteien, Verbände und Vereine noch seine Markenposition zu behaupten sucht – wenn man sie überhaupt jemals findet.

Die Alternative zur Position ist also die Narration. Für das strategische Erzählen sind, nimmt man die Erkenntnisse der Militärs ernst, die Narrative von Konsumenten und Produzenten gleichermaßen relevant. Narrative Strategien sind also nicht bloß erzählerische Vermittlungen der Markenbotschaft an das Zielpublikum. Vielmehr entsteht die Narration im Zusammenspiel zwischen Produzenten und Konsumenten. Ein hierzulande wenig verbreitetes Beispiel ist das aus dem alten China überlieferte Arsenal von Kunstgriffen des situativen listigen Handelns. Diese 36 Strategeme (von Senger 2011) sind als Narration von Generation zu Generation überliefert worden. Genau genommen, und das ist die Herausforderung für die Strategische Kommunikationsplanung, sind sie aber keine strategischen Narrationen, sondern narrative Strategien. Ein Lehrgebiet narrative Strategien sucht man in den Lehrplänen von Wissenschaft und Fachwelt meist vergeblich. Die Folge ist eine Praxiskrise, in der die akademischen Beiträge eklatant darin versagen, praktische Problemstellungen zu lösen oder auch nur zu erklären. Der Markenführer hält sich stattdessen weiter am Markensteuerrad fest.

Eine Option, um Markentechnik neu zu denken, liegt in der antiken ursprünglichen Bedeutung des Wortes Technik. Der vorsokratische Begriff Techne (altgr. Τέχνη) bezog sich noch weniger auf handwerkliche Tätigkeiten, sondern auf die Rhetorik. Diese offensichtlich in Vergessenheit geratene markentechnische Fähigkeit gilt es zu beleben.

3.4 Aneignung in Bildern – Die Wirkung von Metaphern im Marketing

Wolfgang Ullrich

Das Internet hat bekanntlich nahezu alles verändert. Nicht zuletzt die Beziehungen zwischen Produzenten und Konsumenten, zwischen Händlern und Käufern. Und es hat neue Formen der Aneignung von Konsumprodukten hervorgebracht.

Schon vor einigen Jahren sorgten Foren wie *Ciao.de* oder *Dooyoo.de* für Aufsehen, auf denen Konsumenten ihre Erfahrungen mit Produkten oder ihre Erlebnisse beim Einkaufen in Form von Testberichten niederlegen. Plötzlich durfte sich jeder Einzelne als persönliche *Stiftung Warentest* fühlen, Frust über eine Marke direkt abladen oder sich mit flammender Werbung für ein Produkt Aufmerksamkeit versprechen. Nicht selten geben solche Berichte auch Einblicke darüber, welchen Stellenwert ein Produkt im Leben eines Konsumenten besitzt oder wie es spezifisch angeeignet wird. Für Hersteller und Händler können solche Testberichte lästig, oft aber auch aufschlussreich sein, weil sich in ihnen ausdrückt, welche Werbebotschaften ankommen oder worin Konsumenten Schwachstellen erblicken. Allerdings sind in den letzten Jahren andere Websites viel wichtiger geworden, nämlich die großen Bildportale, vor allem *Flickr*, *Instagram*, *Tumblr*. Die Bedeutung dieser Flaggschiffe der Social Media für die Welt des Handels und Konsums ist dabei noch bei weitem nicht genügend erkannt worden, ja die Potenziale, die sich hier für Marktforschung, Imagebildung und Marketing entdecken lassen, liegen bisher fast völlig brach!

Auf den Bildportalen finden sich mittlerweile – innerhalb weniger Jahre! – Millionen von Fotos, auf denen zu sehen ist, wie Konsumenten Produkte inszenieren und sie sich damit aneignen. Mal zeigen sie sich selbst damit, mal stellen sie Bilder aus der Werbung nach, mal arrangieren sie aufwendige, kuriose, bizarre oder rätselhafte Stillleben oder Szenen. Andere User können die Bilder kommentieren, weiterposten und rebloggen oder aber mit Bildvarianten darauf antworten. Man bestätigt und motiviert sich gegenseitig, nach und nach konstituieren sich eigene Formen und Standards der Darstellung von Produkterfahrungen und der Aneignung von Marken.

Viele Fotos kann man dabei als Indikator für die Qualität einer Produktinszenierung begreifen: Mit ihrer Hilfe lässt sich erforschen, auf welche Resonanz eine Marketingstrategie stößt und welche Motive eines Images Konsumenten beeindrucken. Blickt man etwa auf Fotos, die Mineralwasser zum Thema haben, so trifft man auf viele Beispiele, bei denen das Wasser genauso zu einem höherwertigen alkoholischen Getränk gestylt wird wie in zahlreichen Werbekampagnen der letzten Jahre. Der hohe Preis einzelner Marken stimuliert die Verbraucher zu edlen, aufwendigen, exzentrischen Inszenierungen, während andere Darstellungen davon zeugen, dass manche Mineralwasser-Marken mit Naturnähe, Gesundheit und Reinheit assoziiert werden. Konsumenten fotografieren Wasserflaschen dann am Ufer eines Strandes oder auf einem Berggipfel. Das Naturerlebnis wird durch die Präsenz des Mineralwassers für sie beglaubigt, und ein Sonnenuntergang gerät zu einem noch größeren Ereignis, wenn er durch eine Wasserflasche hindurch wahrgenommen wird. Fotos mit Produkten anderer Wassermarken folgen dem Marketing hingegen insofern, als sie Wasser wie einen Energy-Drink präsentieren. Es ist dann in explosiven Formationen abgebildet oder zu Licht geworden. Einige User zeigen sich auch selbst im Moment der Höchstleistung, den sie einem Mineralwasser verdanken.

Die Millionen von Fotos, auf denen Konsumenten sich und ihre Produkte vorführen, verändern Funktion und Status der (qualitativen) Marktforschung. Statt Probanden nur in Interviews über ihre Wünsche und Assoziationen zu befragen, wird man künftig genauso darauf zu achten haben, wie Konsumenten von sich aus ihr Verhältnis zu einzelnen Produkten, Marken oder auch Einkaufssituationen darstellen. Und so sehr sich der Erfolg einzelner Kampagnen an den Gestaltungen aktiver Konsumenten ablesen lassen wird, so sehr können diese Produktdesignern, Werbeagenturen und Händlern zugleich neue Ideen für Motive, Effekte und Inszenierungen liefern. Stärker als je zuvor ist der Konsument dann nicht nur Adressat, sondern ebenso Mitgestalter des Marketing. Zwischen Produzenten und Konsumenten wird künftig also immer schwerer zu unterscheiden sein.

In manchen Fällen gehen Konsumenten mit ihren fotografischen Inszenierungen und Aneignungsformen bereits weit über das hinaus, was in der Selbstdarstellung einer Marke angelegt wurde. Sie verleihen deren Image eine Komplexität, die bis dahin so nicht existierte. Das geschieht am ehesten bei Produkten wie *Nutella* (siehe Kap. 2.3), die viele Menschen über längere Zeit hinweg, bestenfalls seit Kindertagen, begleiten, und die daher auch mit starken emotionalen Erlebnissen im Gedächtnis verankert sind.

Da Konsumenten, die ihre Empfindungen in Fotos fassen, immer wieder auch subtilere Ausdrucksformen finden als die Verfasser von Erfahrungsberichten, die sich kaum von der Sprache der Werbung lösen können, sollte man die Binsenweisheit ernst nehmen, wonach ein Bild mehr sagt als tausend Worte. Doch ist es nicht immer einfach, die vielschichtigen Bedeutungen der Fotos, die in den Social Media zirkulieren, zu entschlüsseln. Eine besondere Herausforderung besteht dabei darin, dass oft weniger ein Bild für sich allein als erst der Kontext, in dem es auftaucht, Rückschlüsse auf seinen Aussagegehalt zulässt.

Vielleicht wird es künftig sogar selbstverständlich sein, dass das Image eines Produkts stärker von dessen Konsumenten als von den Produzenten geschaffen wird. Allerdings werden viele Unternehmen auch zu kontrollieren versuchen, auf welche Weise auf ihr Image Einfluss genommen wird. Schlimmstenfalls schicken sie Abmahnungen, wenn sie ihr Logo oder Elemente ihres Markenauftritts in einer von ihnen unerwünschten Weise verwendet sehen. Doch je gängiger und leichter es für die Konsumenten wird, ihre Einstellungen und Emotionen öffentlich zu machen, desto unangemessener wird es auch erscheinen, wenn ein Unternehmen weiterhin ein Deutungsmonopol hinsichtlich seiner eigenen Produkte und Markenimages behaupten will. Erfolgversprechender ist es hingegen, wenn Hersteller und Händler sich darum bemühen, kreative und gut vernetzte User für sich zu gewinnen, die passioniert ausschöpfen, was in einem Produkt angelegt ist.

Nur soweit ein Unternehmen die Kontrolle darüber aufgibt, wie genau ein Produkt dargestellt wird, kann das Image, das sich dann durch zahlreiche aktive Konsumenten konstituiert, wirklich an Glaubwürdigkeit gewinnen. Herkömmliche Werbung wird hingegen noch mehr an Stellenwert einbüßen, da sie im Vergleich steril und einseitig wirkt.

Künftig könnte es also vermehrt zum Qualitätsmerkmal von Werbung und Marketing werden, die Initialzündung für einen Variationsreigen an Bildern liefern zu können, die dann im Internet zirkulieren und das Image einer Marke oder eines Produkts mitgestalten. Umso relevanter wird die Frage, welche Werbe-Inszenierungen solche Initialzündungen auslösen können? Was wirkt so stark, dass bei Konsumenten das Bedürfnis, ja gar ein Drang entsteht, die von einem Produkt ausgelösten Emotionen weiterzugeben oder in eine andere Form zu übersetzen? Eine Antwort darauf liefert ein Blick auf Phänomene in der vor-digitalen Welt. In ihr waren bzw. sind etwa Gedichte und Witze darauf angelegt, möglichst schnell und oft weitererzählt zu werden. Ein Reim, eine Metapher, eine Pointe – das sind Mittel, die sowohl überraschend als auch prägnant und damit merkfähig sind und die damit die besten Voraussetzungen dafür liefern, dass ein Gedicht oder Witz nicht bei dem verbleiben, der sie rezipiert. Vielmehr will man anderen dieselbe Überraschung bereiten, die man selbst erfahren hat, will die Erkenntnis oder Freude, das Erlebnis von etwas Skurrilem, Krassem, Extremem teilen. Und je einprägsamer eine Formulierung oder Pointe ist, desto leichter fällt das Teilen.

Übertragen auf das Marketing bedeutet das, dass Produkte, die ihrerseits überraschend und pointiert inszeniert sind, viel eher Reaktionen von Konsumenten auslösen als Produkte, bei denen nur erwartbare Markenwerte codiert werden. Eine Überraschung oder Pointe darf aber nicht Selbstzweck sein, sondern sollte dem Konsumenten zugleich eine Erkenntnis vermitteln oder einen neuen Blick auf ein Produkt oder eine Marke eröffnen, vielleicht sogar dazu beitragen, dass sich der Umgang mit einem Produkttyp verändert. Wie ein gutes Gedicht von Vergleichen und Metaphern lebt, die eine bestehende Wahrnehmung suspendieren und etwas an deren Stelle setzen, das schlagartig plausibler oder aufregender erscheint, kann auch gutes Marketing darin bestehen, mit einer schlüssigen Metapher Erlebnisse zu schaffen und neue Aneignungsformen für ein Produkt oder eine Marke zu evozieren.

Dafür ein Beispiel: Die französische Luxus-Marke Chateau d'Estoublon, die Wein und Lebensmittel herstellt, brachte vor einigen Jahren ein Olivenöl auf den Markt, das wie ein Parfum verpackt wurde (Abb. 3.5).

In einem Glasflacon befindet sich die dunkelgelbe Essenz, die mit einem Zerstäuber auf den Speisen verteilt werden kann. Auch der Preis entspricht beinahe schon dem für ein hochwertiges Markenparfum. Konsequent wurde die Parfum-Metapher vor allem auch in der Werbung ausgeführt; Models mit üppigen blonden Haaren und laszivem Blick offerieren es als Symbol von Erotik und Verführung (Abb. 3.6: www.estoublon.com).

Auf den Bildportalen der Social Media nehmen einzelne Konsumenten die überraschend metaphorische Inszenierung von Olivenöl gerne auf. Mehrere sprechen sogar vom „Huile d'Olive No. 5" oder direkt von Chanel, was auch insofern naheliegt, als der Flacon des Parfum-Klassikers für Chateau d'Estoublon sicher als Vorbild gedient hat. Die User fotografieren das Öl dann aber auch wie ein wert-

Abb. 3.5 Olivenöl der Firma Estoublon, das auf den ersten Blick einem Parfum zum Verwechseln ähnlich sieht. (www.estoublon.com)

volles Parfum, aus devoter Untersicht auf das mythisch verklärte Produkt, zudem bei künstlichem, aber warmem Licht, mit starken Hell-Dunkel-Kontrasten, was an Candle-Light-Dinner und so wiederum an Erotik und Verführung denken lässt (siehe Abb. 3.7a) Oder sie setzen seine Kostbarkeit in Szene, so wenn es auf einem Foto als einziges Objekt farbig fotografiert ist, während alles andere in Schwarz-Weiß zu sehen ist. Es soll scheinen, als sei das Öl aus einer anderen Welt, besitze einen höheren ontologischen Status (siehe Abb. 3.7b). Auf einem weiteren Foto steht das Olivenöl zwar auf einem gedeckten Tisch, ist aber als einziges scharf zu sehen, so als verdiene es mehr Aufmerksamkeit und Wertschätzung als die übrigen Dinge (siehe Abb. 3.7c).

Die vornehme und metaphorische Inszenierung des Öls, die es semantisch aufwertet und zu einem schicken Luxusprodukt werden lässt, verleitet Konsumenten also dazu, der postulierten Bedeutung Ausdruck zu geben. Gefühle von Faszination und Verzauberung, die sie offenbar empfinden, setzen sie in Bilder um und vollziehen damit eine Aneignung des Produkts. Man kann es als Erfolg des Marketing ansehen, dass dessen Botschaften aufgegriffen und variiert, aber nicht verfremdet werden. Der Produzent wahrt also die Hoheit über sein Image, die von Konsumen-

Abb. 3.6 *Die Werbung unterstützt die Assoziation „Markenparfum". (www.estoublon.com)*

ten geleistete Aneignung hat beinahe schon den Charakter einer Dienstleistung. Letztlich aber ist beiden gedient: Der Produzent bekommt Werbung jenseits eines direkt als solche codierten Marketing, die Konsumenten können sich aktiv fühlen und ihren Empfindungen individuell Ausdruck verleihen. Zugleich können sie sich bei ihren Followern und anderen Usern der Social Media in Szene setzen und mit der Aufmerksamkeit, die sie so erlangen, ein bisher unübliches Verständnis von Olivenöl weitergeben.

Das Beispiel macht deutlich, wie durch ein metaphorisches Marketing, das bewusst Aneignungsflächen schafft, nicht nur Konsumenten zu Reaktionen stimuliert werden, die die Werbebotschaften umsetzen und verbreiten, sondern wie ein ganzer Produkttyp eine Umwertung erfährt und anders wahrgenommen wird. Damit ist das Marketing, gerade sofern es mit Metaphern agiert, nicht zuletzt von seinen

Abb. 3.7 a, b, c Konsumenten liefern eigene, weiterführende Inszenierungsmöglichkeiten (**a** https://www.flickr.com/photos/romero/6078718871. **b** https://www.flickr.com/photos/40823691@N00/6920185620. **c** https://www.flickr.com/photos/food-porn/15719686722)

Folgen her zu beurteilen. Wer ein Produkt oder eine Marke in Szene setzt, sollte eine Metapher nicht nur verwenden, um ein schnelles Upgrading zu betreiben oder einen Überraschungseffekt zur Geltung zu bringen, sondern dies im Bewusstsein um mögliche Werteverschiebungen tun, die durch die Aneignungs- und Verbreitungspraktiken engagierter User der Social Media umso mehr Resonanz finden.

So wird ein Olivenöl, das mit einem Zerstäuber zu verwenden ist, als Veredelung von Speisen begriffen: als ein Firniss, der eine bereits geleistete Arbeit zum Strahlen bringt. Der Geschmack tritt demgegenüber in den Hintergrund, zumal die Assoziation mit Parfum die Aufmerksamkeit des Konsumenten stärker auf den Geruch des Öls richtet. Insgesamt wird die Verwendung des Olivenöls bewusster und ritualisierter stattfinden, wenn es wie Parfum verpackt ist; man reserviert es für besondere Anlässe, ja benutzt es kaum, wenn man für sich alleine Essen zubereitet, sondern um bei anderen – bei Gästen – Eindruck zu machen. *Chateau d'Estoublon* betont die gesellschaftliche Dimension von Olivenöl somit stärker als andere Marken.

Wie Parfum den eigenen Auftritt insgesamt veredelt, so soll es insbesondere auf Menschen wirken, denen man nahe steht oder nahe stehen will. Ähnlich lässt sich nun Olivenöl als emotionalisierender Trigger zum Einsatz bringen, wobei die

Werbung von *Chateau d'Estoublon* dazu beiträgt, dass ein bisher geschlechtlich nicht codiertes Produkt weiblich konnotiert wird. Obwohl auch viele Männer regelmäßig Parfum auflegen, handelt es sich nach wie vor um einen vornehmlich von Frauen konsumierten Produkttyp. Übertragen auf das als Parfum inszenierte Olivenöl bedeutet dies, dass Frauen wieder auf eine Rolle in der Küche verpflichtet werden, für ihre verführerischen Kochkünste dann aber auch mit einem Geschenk belohnt werden: einem neuen Flacon des animierenden Olivenöls.

Gerade darin kann aber auch eine Problematik der vorgenommen Metaphorisierung liegen. Wer gendersensibel ist und sich für die Überwindung von Rollenklischees einsetzt, wird den Olivenöl-Flacon als Rückschritt interpretieren. Für andere, denen Wertschätzung von Essen und die bewusste Wahrnehmung von Sinnesreizen wichtig ist, stellt er hingegen einen Gewinn da.

Ein verantwortungsvolles Unternehmen wird solche Wertfragen bedenken und gar so etwas wie eine Metaphernethik beherzigen (Ulrich 2013). Noch besser wäre es, stünden am Anfang eines Marketingprozesses bestimmte Überzeugungen und Wirkabsichten, für die dann eine passende Kampagne – eben etwa eine wirkungsvolle Metapher – entwickelt wird. Das Produkt wird zum Medium von Botschaften, mit denen der Hersteller die Welt ein wenig verändern kann. Und die Konsumenten tragen durch ihre Formen der Aneignung dazu bei, die Botschaften aufzunehmen, umzugestalten und weiterzugeben.

3.5 Markenliebe

Tobias Langner, Malte Christ, Alexander Fischer und Daniel Bruns

3.5.1 Einleitung: Liebe als Treiber des Kaufverhaltens

Menschen lieben Marken. Im Konsumleben vieler Menschen existieren Marken, die eine herausragende Rolle einnehmen. Marken, die extrem positive Gefühle und Erinnerungen auslösen und die für den Einzelnen unersetzlich erscheinen. Das ist beispielsweise die Nuss-Nougat-Creme Nutella, die nicht nur wunderbar schmeckt, sondern auch schöne Erinnerungen an die Kindheit wach werden lässt. Oder: Der VW Bulli, der zu einem Hobby geworden ist und mit dem man viele intensive Urlaubserinnerungen verbindet. Konsumenten tun einiges für ihre geliebten Marken. Sie sind beispielsweise bereit, deutlich mehr für diese Marken zu bezahlen als für vergleichbare Konkurrenzmarken, versuchen Bekannte und Freunde regelrecht zum Kauf ihrer Marke zu bekehren oder verzeihen ihrer geliebten Marke sogar Fehler. Markenliebe ist damit für Unternehmen auch unter ökonomischen Gesichtspunkten interessant.

Das Phänomen der Markenliebe ist keine Erscheinung gesättigter Märkte, es ist vermutlich so alt wie die Marke selbst. Selbst der Kapitalismuskritiker Wladimir Iljitsch Lenin, dem Marken eigentlich ein Dorn im Auge hätten sein müssen, pflegte wohl manch innige Beziehung zu bestimmten Marken (vgl. Loewel 2006). Man sagt ihm beispielsweise nach, dass er ein leidenschaftlicher Zigarrenraucher war (vgl. Primo 2009). Überraschend ist allerdings, dass das Thema Markenliebe trotz seiner enormen Relevanz lange ein Schattendasein in Forschung und Praxis fristete. Zwar haben Shimp und Madden das Thema der Objektliebe bereits 1988 in die Marketingliteratur eingeführt, bis die Markenliebe allerdings zum Objekt intensiver Forschung wurde, hat es über 20 Jahre gedauert. Der heutige Executive Chairman von Saatchi & Saatchi, Kevin Roberts, hat mit seinem Buch „*Lovemarks: the future beyond brands*" (Roberts 2004) sicherlich dazu beigetragen, dass Markenliebe inzwischen zu einem der Top-Themen wurde.

Analog zur interpersonellen Liebe wird Markenliebe als die intensivste Beziehung verstanden, die ein Mensch zu einer Marke entwickeln kann. Geliebte Marken lösen ähnlich wie geliebte Menschen intensive, positive Emotionen sowie eine Art Trennungsangst im Falle eines (antizipierten) Verlustes aus. Geliebte Marken erlangen somit eine Monopolstellung im Leben des Konsumenten, für den der Kauf einer alternativen Marke oftmals unvorstellbar wird. Voraussetzung für eine solch intensive Bindung ist meist die Einbettung der Marke in die persönliche Erfahrungsumwelt des Konsumenten, in deren Verlauf die Marke eine individuelle, symbolische Bedeutung für den Einzelnen erhält. Anders ausgedrückt: Der Kunde macht sich die Marke zu eigen. Diese Markenaneignung durch Verlieben folgt dabei der Aufladung der Marke durch persönliche, individuelle Erlebnisse. Der Konsument gibt der Marke damit sprichwörtlich einen eigenen Sinn, eine eigene Bedeutung. Dieser Vorgang ist durch das Marketing allerdings nur bedingt beeinflussbar. Hierzu später mehr.

3.5.2 Was man unter Markenliebe versteht

Der Begriff der Markenliebe wurde ursprünglich in Anlehnung an den Liebesbegriff in interpersonellen Beziehungen geprägt und bezeichnet die intensivste, positive Bindung, die sich zwischen einem Konsumenten und einer Marke einstellen kann. Wie auch in der interpersonellen Liebe, herrscht in der Forschung Einigkeit darüber, dass es sich bei der Markenliebe um ein komplexes, facettenreiches und differenziertes Phänomen handelt.

Uneinigkeit herrscht allerdings bei der Operationalisierung des Konstruktes Markenliebe. Die vorliegenden psychometrischen Ansätze leiten zur Messung der Markenliebe meist zahlreiche Items und Dimensionen ab. So nutzen Carroll und

Ahuvia (2006, S. 84) beispielsweise zehn Items zur Messung von Markenliebe. Albert et al. (2008, S. 1071) leiten elf Dimensionen von Markenliebe ab, und Batra et al. (2012, S. 10) kommen sogar auf 14 Faktoren der Markenliebe. Häufig werden hier auch Antezedenzen und Konsequenzen zur Operationalisierung des Kernkonstruktes herangezogen, was zu nicht unerheblichen Beeinträchtigungen der Konstruktvalidität führt. Beispielsweise betrachten Batra et al. (2012, S. 10) die Variable „Willingness to Invest Resources" als Bestandteil von Markenliebe – eigentlich eine typische Konsequenz, die erst aus der Liebe zu einer Marke resultiert. Eine allgemeingültige Definition von Markenliebe kann auf der Basis der psychometrischen Operationalisierungen nicht entwickelt werden.

Einen erfolgversprechenden Zugang zur Operationalisierung der Markenliebe liefert dagegen die interpersonelle Bindungstheorie. Demnach wird eine zwischenmenschliche Beziehung vor allem durch die mit der Beziehung einhergehenden Emotionen sowie das Ausmaß der Angst, den anderen zu verlieren, charakterisiert. Markenliebe ist, wie eingangs erwähnt, von besonders starken Emotionen für die geliebte Marke geprägt. Deshalb ist die geliebte Marke für den ‚Verliebten' nur schwer zu ersetzen. Hieraus resultiert eine Angst vor dem potenziellen Verlust der geliebten Marke, etwa falls diese nicht mehr länger am Markt erhältlich wäre (vgl. auch Bergkvist und Bech-Larsen 2010, S. 509; Langner und Kühn 2010; Rossiter 2012). Langner und Kühn (2010, S. 604) definieren Markenliebe deshalb wie folgt:

> Markenliebe bezeichnet eine **andauernde Beziehung** zwischen einem Konsumenten und einer Marke, die durch **starke und positive Emotionen für die Marke** geprägt ist und die mit einem **ausgeprägten Bedauern** bei einem **potenziellen Verlust** der Marke einhergeht.

Es bleibt die Frage nach den Gemeinsamkeiten und Unterschieden von Markenliebe und zwischenmenschlicher Liebe. Langner et al. (2015) verglichen in einer qualitativen und einer physiologisch-apparativen Studie die Qualität der Emotionen miteinander, die im Zuge von interpersonellen Beziehungen (romantische Liebe und bester Freund) und von Markenbeziehungen (Markenliebe und Markenmögen) erlebt werden. Dabei wurde u. a. das Wohlgefallen („valence") und die Intensität („arousal") der Emotionen gemessen, die sich in romantischen Beziehungen, in der Beziehung zum besten Freund bzw. Freundin sowie gegenüber einer geliebten und einer gemochten Marke einstellen. Es zeigte sich, dass der zentrale Unterschied zwischen Markenliebe und romantischer Liebe in der Intensität der jeweiligen Empfindung liegt. Romantische Liebe wird als signifikant intensiver („arousal") als Markenliebe erlebt. Markenliebe ähnelt hier der zwischenmenschlichen Beziehung zum besten Freund. Interessanterweise konnte beim Wohlgefallen („valence") kein Unterschied zwischen den beiden Liebesformen festgestellt werden. Markenliebe wird folglich als genauso intensiv wie die Beziehung zum besten Freund und ebenso positiv wie die Beziehung zu dem geliebten Partner empfunden. Der Abstand zwischen Markenliebe und Markenmögen war bei allen Variablen groß. Die Ergebnisse bestätigen damit die Annahme, dass es sich bei der Markenliebe um eine sehr intensive Beziehung zwischen Konsument und Marke handelt.

3.5.3 Was Markenliebe beim Konsumenten bewirkt

Die Wirkungen von Markenliebe auf das Verhalten der Konsumenten wurden in den letzten Jahren in mehreren Studien erforscht (vgl. Albert et al. 2008; Bauer et al. 2008; Batra et al. 2012; Bergkvist und Bech-Larsen 2010; Carroll und Ahuvia 2006; Langner et al. 2009; Rossiter 2012). Über alle Variablen hinweg zeigen sich stets starke Effekte der Markenliebe:

- Konsumenten verwenden ihre geliebte Marke beispielsweise doppelt so häufig wie ihre gemochten Marken,
- Sie setzen sich aktiv für ihre geliebten Marken ein („active engagement"),
- Sie kümmern sich besonders intensiv um ihre geliebte Marke und behandeln sie mit großer Sorgfalt, sind resistent gegenüber negativen Informationen zu ihrer geliebten Marke
- Oder Konsumenten verzeihen durch die Marke begangene Fehler.

Besonders bemerkenswert ist der deutliche Mehrwert, den die Markenliebe im Vergleich zum Markenmögen bei den zentralen Verhaltensvariablen Weiterempfehlung, Markenloyalität und Zahlungsbereitschaft stiftet:

- Konsumenten empfehlen ihre geliebten Marken signifikant häufiger weiter als ihre gemochten Marken. Dies kann sich sogar bis zu einem regelrechten Bekehrungseifer entwickeln.
- Konsumenten sind ihren geliebten Marken signifikant treuer als ihren gemochten Marken.
- Konsumenten sind bereit für ihre geliebten Marken signifikant mehr zu bezahlen als für ihre gemochten Marken aus der gleichen Produktkategorie.

Diese Vielzahl an positiven Wirkungen von Markenliebe auf das Verhalten des Konsumenten verdeutlicht die Wichtigkeit des Konstruktes Markenliebe für die Praxis. Abbildung 3.8 zeigt den verhaltensbezogenen Mehrwert der Markenliebe im Überblick.

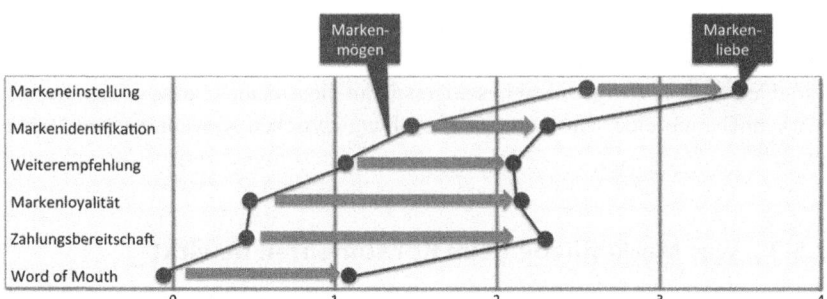

Abb. 3.8 Wirkungsunterschiede zwischen Markenmögen und Markenliebe. (Vgl. Langner et al. 2009, S. 5)

3.5.4 Wie Markenliebe entsteht

Zunächst ist beim Aufbau von Markenliebe zu beachten: Im Kern aller geliebten Marken stehen exzellente Produkte! Es ist sinnlos, sich Gedanken zum Aufbau von Markenliebe zu machen, wenn die Qualität des Angebots Schwächen aufweist. Konsumenten sind zwar bereit, ihrer geliebten Marke auch mal Fehler zu verzeihen. Wenn die Unzufriedenheit mit der Leistung allerdings systematisch besteht, kommt es erst gar nicht zum ‚Verlieben' bzw. bei bereits bestehender Markenliebe kann das ‚Entlieben' rasch eintreten. Die Studien zur Markenliebe zeigen, dass trotz aller Emotionalität der Markenliebe im Zentrum der Markenbeziehung immer auch die Befriedigung rational-funktionaler Erwartungen an die Produktqualität steht. Hier unterscheidet sich die Markenliebe von der interpersonellen Liebe, die stärker altruistische Züge trägt.

Wie kommt es nun dazu, dass zufriedene Konsumenten ihre Marke nicht nur mögen, sondern dass sie sich regelrecht in sie verlieben? Es zeigt sich, dass es die **intensiven, emotionalen Erlebnisse** sind, die ein Konsument mit einer Marke macht, die aus einer ‚Mögenbeziehung' eine Liebesbeziehung werden lassen. Man unterscheidet hier, je nach Ursprung, zwischen endogenen und exogenen Markenerlebnissen.

Markenerlebnisse, die im Gestaltungsbereich des Marketings liegen, werden als endogen bezeichnet. Hierzu zählen beispielsweise Erlebnisse, die durch das Produkt- oder Verpackungsdesign ausgelöst werden. Exogene Markenerlebnisse sind hingegen persönlich individuelle Erlebnisse des Kunden mit der Marke. Sie entziehen sich (größtenteils) dem unmittelbaren Gestaltungsbereich des Marketings.

Endogene und exogene Erlebnisse stehen bei der Entstehung von Markenliebe in einem komplexen Wechselspiel zueinander. Endogene Markenerlebnisse können dabei als die notwendige Bedingung für die Entstehung von Markenliebe angesehen werden. Sie sind auf die Befriedigung der fundamentalen, hedonistischen Motive gerichtet, die neben einer bestechenden Produktqualität im Herzen der Motivation zum Konsum vieler geliebter Marken stehen. Markenliebe, zeichnet sich in der Regel durch ausgeprägte hedonistische Motive aus. Sind diese Anforderungen erfüllt, ist das Saatkorn für die Markenliebe gelegt. Die exogenen Markenerlebnisse können nun als der ‚Dünger' verstanden werden, der hinzugegeben werden muss, damit aus der gemochten eine geliebte Marke werden kann. Wirkungsvoll ist dieser ‚Dünger' allerdings nur, wenn das Saatkorn aus Produktqualität und endogenen Erlebnissen gelegt wurde. Es sei allerdings angemerkt, dass in seltenen Fällen (unter 10 % aller betrachteten Markenliebesbeziehungen) endogene Markenerlebnisse ausreichen, damit der Konsument Markenliebe entwickelt. Exogene Markenerlebnisse sind in diesen seltenen Fällen von untergeordneter Bedeutung.

Am Beispiel von Nutella zeigt sich das typische Zusammenspiel exogener und endogener Erlebnisse. Würde Nutella nicht über das endogene Erlebnis des einzigartigen, cremig-nussigen Nougat-Geschmacks verfügen, würde die Marke wohl nur selten geliebt werden. Alleine der Geschmack von Nutella reicht aber nicht aus, er ist lediglich eine notwendige Bedingung für Markenliebe, nicht aber eine hinreichende. Es sind vielmehr die exogenen Markenerlebnisse, welche den Konsumenten dazu bringen, die Marke zu lieben. Im Falle von Nutella wird die Marke häufig mit einzigartigen Kindheitserlebnissen assoziiert: *„Toast und Nutella [...] begleitet mich bis jetzt. Also von der Grundschule, Kindergarten an [...] Es ist immer schon da gewesen. Es ist eher so wie die Liebe zu Bruder, Schwester, Mutter, [...] die man nicht hinterfragt"* (Langner et al. 2013, S. 101 f.). Durch die exogenen Markenerlebnisse wird die geliebte Marke zu einem festen Bestandteil der persönlichen Erfahrungsumwelt des Konsumenten. Die intensiven positiven Emotionen der exogenen Erlebnisse werden assoziativ mit der Marke verknüpft. Im Verlauf dieses Aneignungsprozesses erhält die geliebte Marke eine besondere, individuelle Bedeutung im Leben des Konsumenten. Die Marke wird dadurch einzigartig und unersetzbar.

Es stellt sich die Frage nach Art und Ursprung der exogenen Markenerlebnisse. Es lassen sich hier mindestens **sechs Kategorien exogener Erlebnisse** unterscheiden, die aufgrund ihrer intensiven Emotionalität immer wieder als Auslöser von Markenliebe beobachtet werden:

Besondere Kindheitserlebnisse Die Kindheitsphase spielt wohl für viele Marken eine bedeutende Rolle bei der Entstehung von Markenliebe. Manche Marken aus der Kindheit werden ein Leben lang geliebt; erste Studien mit Senioren belegen dies. Das Phänomen der „Nostalgia" spielt für solche Marken eine bedeutende

Rolle: Sie werden geliebt, weil sie eine Reminiszenz an glückliche Tage darstellen. Die folgenden Aussagen einer 23 jährigen Probandin, die die Marke Milka liebt, sind typisch für diese Erlebniskategorie (Bruns in Vorbereitung; Langner et al. 2014): „*[...] das war so zu Kindergartenzeiten, da hat mein Opa mich regelmäßig vom Kindergarten abgeholt und jedes Mal wenn er kam, wusste ich genau, er hat eine Schokolade in der Tasche und ja da lief ich schon lachend aus dem Kindergarten raus und auf meinen Opa zu und entweder er hatte die Schokolade schon rausgeholt, oder ich wusste genau, in welcher Tasche sie steckte [...]*."

Beziehungserlebnisse Eine weitere Erlebniskategorie, die häufig zur Markenliebe führt, sind intensive Beziehungserlebnisse. Innerhalb einer romantischen Beziehung oder einer starken Freundschaft wird eine Marke gemeinsam konsumiert. Die Marke wird dadurch in die positiven mit der Beziehung assoziierten Erlebnisse eingebettet. Die geliebte Marke wird so oftmals zu einem Stellvertreter für eine geliebte Person. Folgendes Erlebnis ist prototypisch für diese Erlebniskategorie: Als Grund für ihre Markenliebe äußerte die Befragte: „*[...] weil mein damaliger Schwarm und späterer Freund diese Zigaretten angefangen hat zu rauchen und mir davon welche angeboten hat. Und da habe ich natürlich gedacht: Ah, die muss ich auch rauchen. Und dann musste ich immer an ihn denken*" (Langner et al. 2013, S. 100).

Hobbyerlebnisse Marken, die eine zentrale Rolle bei der Ausübung eines Hobbys spielen, werden oft geliebt. Die positiven Momente mit der Marke führen zu einer intensiven Aufladung der Marke. Mit der Folge, dass sich die Liebe zum Hobby häufig auf die beteiligten Marken überträgt. Folgendes Probandinnen-Statement untermauert dies (Langner et al. 2013, S. 100): „*[...] ich habe vor zehn Jahren angefangen mit Formationstanz, also Hip-Hop. Und da fing es schon an, dass wir alle zusammen Adidas genommen haben als Gruppenkleidung. [...] Dieses Gruppengefühl und Tanzgefühl [...], ich verbinde mit Adidas wirklich Sportlichkeit und Tanzbegeisterung.*"

Urlaubs- und Auslandserlebnisse Urlaube und Auslandsaufenthalte stellen sehr emotionale Phasen im Leben von Konsumenten dar. Marken, die Teil dieser einzigartigen Erlebnisse sind, werden nicht selten zu geliebten Marken. Die Marke wird so in den späteren Erinnerungen zu einem essentiellen Bestandteil der ‚schönen' Erinnerung an den besonderen Urlaub oder den Auslandsaufenthalt. Typisch hierfür ist die folgende Aussage einer Probandin über ihre geliebte Marke Dunkin' Donuts (Langner et al. 2013, S. 100 f.): „*Ich habe ja mal ein Jahr lang in Amerika gelebt und verbinde mit diesem Jahr ganz viel mit dieser Marke [Dunkin' Donuts].*

[...] Und weil [...] ich dieses Leben da in Amerika so geliebt habe, war das [Dunkin' Donuts] auch direkt so ein Bestandteil dessen."

Transitionale Erlebnisse Zeiten, in denen Menschen von einer Lebensphase in die nächste wechseln, werden häufig als emotional und aufregend erlebt. Positive Gefühle wie die Vorfreude und Spannung auf das Neue, aber auch Ängste, verbunden mit den Gefahren des Wandels, werden gleichermaßen erlebt. Häufig kommt es in diesen transitionalen Phasen (z. B.: Schulabschluss, Beginn des Arbeitslebens, Hochzeit, Geburt des Kindes, Eintritt in den Ruhestand) zum Lösen alter Markenbeziehungen, aber auch zum Aufleben scheinbar erloschener Beziehungen oder zum Aufbau völlig neuer Markenbeziehungen. Diese Übergangsphasen bieten somit die Chance, Markenliebe zu etablieren, wenn die Marke es schafft, während des Übergangs eine besondere Rolle zu spielen. Einzelne Marken werden dann nicht selten geliebt, weil sie vermeintlich Sicherheit spenden in den unruhigen Phasen des Wechsels. Folgendes Statement einer Probandin sei hier stellvertretend genannt (Bruns in Vorbereitung): *„Ich denke, ich liebe diese Marke, weil sie mir ein Gefühl von Zuhause gibt. Und wann ist es dazu gekommen? Hm ... Ich würde sagen, das ist noch gar nicht ganz so lange her. Weil ... seitdem ich Zuhause ausgezogen bin, kaufe ich mir immer diesen BRANDT Zwieback und denke dann auch zurück an die Zeit [...]."*

Geschenkerlebnisse Ebenfalls einen emotionalen Rahmen, von dem eine Marke profitieren kann, bilden Geschenksituationen. Vor allem wenn der Konsument ein Produkt einer Marke zu einem emotionalen Anlass von einer besonders nahestehenden Person geschenkt bekommt. Diese Art von exogenem Erlebnis überschneidet sich besonders häufig mit Beziehungs- oder Kindheitserlebnissen. Folgendes Probandenstatement sei hier exemplarisch genannt (Bruns in Vorbereitung): *„Also gerade als kleines Kind [...] freut man sich natürlich wahnsinnig über neue Spiele. Das fängt schon an, wenn man die quasi geschenkt bekommt, [wenn die] in der Packung vor einem liegen. Wenn man die Packung aufmacht, in der Anleitung blättert und dann das Spiel [...] in die Konsole reinschiebt [...]. Also schon von Euphorie über Glück [...] bis hin zur Zufriedenheit [...]."*

Die sechs verschiedenen Arten der markenexogenen Erlebnisse können sowohl einzeln, als auch in Kombination wirksam werden und sich gegenseitig verstärken. Die Liebe der obigen Probandin zu Brandt, lässt sich beispielsweise mit intensiven Kindheitserlebnissen an die Marke erklären, deren Bedeutung allerdings durch die hohe Emotionalität der transitionalen Phase verstärkt wurde (vgl. Bruns in Vorbereitung). Abbildung 3.9 zeigt das Wechselspiel unterschiedlicher exogener Markenerlebnisse am Beispiel von Brandt.

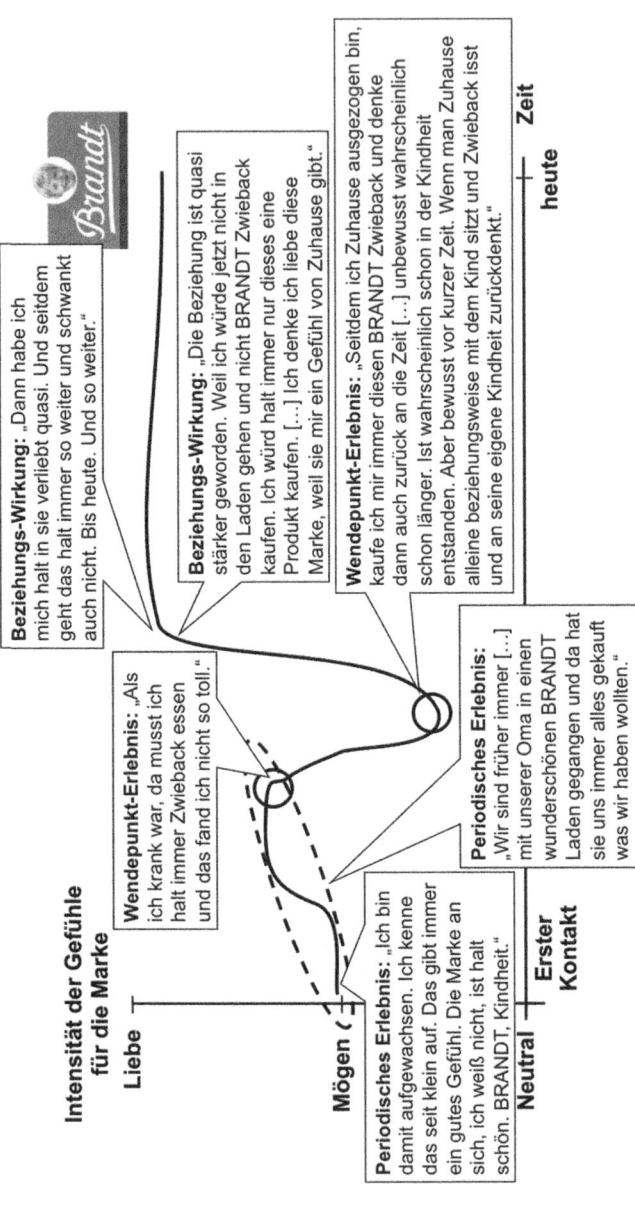

Abb. 3.9 Die Wirkung markenexogener Erlebnisse am Beispiel der Markenliebe zu Brandt. (Bruns in Vorbereitung)

3.5.5 Was das Markenmanagement tun kann, um den Aufbau von Markenliebe zu fördern

Die zahlreichen positiven Wirkungen von Markenliebe auf das Konsumentenverhalten machen diesen Markenbeziehungstyp außerordentlich interessant für Unternehmen. Die Möglichkeiten, echte Liebe für die eigene Marke beim Verbraucher zu etablieren, liegen allerdings nur bedingt in den Händen des Markenmanagements. Das Management kann zunächst die Grundlage für Markenliebe in Form einzigartiger endogener Erlebnisse schaffen. Hier geht es darum die Produkt- und Markeneigenschaften, das Branding oder die Markenkommunikation so zu gestalten, dass einzigartige und relevante (endogene) Konsumerlebnisse ausgelöst werden. Aufbauend auf dieser emotionalen Basis der endogenen Markenerlebnisse gilt es nun, die Wahrscheinlichkeit für das Eintreten wirksamer exogener Markenerlebnisse zu erhöhen, um dadurch den Aufbau von Markenliebe zu fördern. Dies soll an zwei Beispielen verdeutlicht werden – jeweils für ein geringer und ein höher involvierendes Produkt.

Werther's Original als Beispiel für ein geringer involvierendes Konsumgut Der einzigartige cremige Geschmack der Werther's Bonbons, die besondere unverwechselbare Produktform sowie die eigenständige goldene Verpackung der Bonbons erzeugen ein besonderes Konsumerlebnis (endogenes Markenerlebnis). Die Kommunikation von Werther's Original zielt nun darauf ab, exogene Markenerlebnisse zu fördern. Dies geschieht in der vergangenen Markenkommunikation auf zweierlei Art. Zum einen wird das Rollenmodell des liebevollen Großvaters etabliert, der seinem Enkel Werther's Original schenkt. Hierdurch kann ein analoges Verhalten bei Großvätern angeregt werden, die durch ihr Verhalten ein exogenes Markenerlebnis mit der Marke Werther's Original bei ihren Enkeln schaffen. Zum anderen spricht die nostalgische Umsetzung der Spots gezielt Kindheitserlebnisse der Zielgruppe an. Es wird suggeriert, dass Werther's Bonbons ein besonderer Bestandteil der Kindheit einer ganzen Generation von Konsumenten war. Dies fördert die Rolle der Marke als Reminiszenz an die Kindheit.

Harley Davidson als Beispiel für ein höher involvierendes Gebrauchsgut Harley Davidson Motorräder vermitteln ein einzigartiges Fahrerlebnis, das sich stark von allen anderen Motorradmarken abhebt. Die spezielle Sitzposition, der einzigartige Sound der Langhuber V-Motoren, das hohe Drehmoment oder die stets einzigartigen Produktdesigns erzeugen ein unverwechselbares endogenes Markenerlebnis. Das Eintreten exogener Markenerlebnisse in Form von Hobby- oder Beziehungserlebnissen wird bei Harley Davidson durch die Harley's Owner Group gefördert. Hier werden für die Mitglieder rund um die Marke emotionale Freizeitaktivitäten wie gemeinsame Ausfahrten, Partys oder Motorradreisen angeboten. Konkret gilt es aus der Vielzahl der Möglichkeiten das Entstehen von Markenliebe zu fördern, die für die Marke geeigneten auszuwählen. Die beiden Beispiele Werther's Original und Harley Davidson zeigen, dass dies entsprechend der Positionierung der Marke, ganz unterschiedliche Ansätze sein können. Dem Markenmanagement kommt die Aufgabe zu, darauf aufbauend, relevante und einzigartige Markenerlebnisse zu schaffen. Über den klassischen Marketingmix hinaus, muss das Management dafür Sorge tragen, dass die Begebenheiten zum Eintritt wirkungsvoller exogener Markenerlebnisse gut sind. Besonders günstig für die Entstehung von Markenliebe sind wie erwähnt, Kindheits-, Beziehungs-, Hobby-, Geschenk-, Urlaubs-, Auslands-, oder Transitionserlebnisse, bei denen die Marke eine zentrale Rolle spielt. Entscheidend dabei ist, dass diese Erlebnisse über alle Kontaktpunkte hinweg konsistent unterstützt werden. Über einen längeren Kommunikationsverlauf wird so der Eindruck unterstützt, als ob die Marke schon immer zu dem Erlebnis „dazugehörte", quasi ein Teil der Gemeinschaft ist. Das Engagement der Konsumenten kann seitens der Marke durch Interaktion zum Auf- und Ausbau der Markenliebesbeziehung genutzt werden. Bergkvist und Bech-Larsen (2010, S. 515) stellen hier heraus, dass der von den Konsumenten wahrgenommene „sense of community" ein wichtiger Aspekt für die Entstehung von Markenliebe sein kann. Für die Überprüfung der Effizienz und Effektivität der unternommenen Maßnahmen ist es schließlich unerlässlich, den Anteil der Zielgruppenmitglieder zu erfassen, die die Marke lieben. Hierfür hat sich die Skala von Rossiter (2012, S. 911) bewährt. Darüber hinaus können besonders auch qualitative Erhebungsmethoden einen Beitrag dazu leisten, Ansatzpunkte zur Entwicklung der endogenen Markenerlebnisse zu identifizieren und deren Wirkungsweise besser zu verstehen. Qualitative Techniken sind auch notwendig, um die markenexogenen Erlebnisse der markenliebenden Kunden zu erfassen und für das Marketing zu nutzen.

3.5.6 Schlussbetrachtung

Markenliebe kann sich für Unternehmen lohnen. Der Mehrwert der Markenliebe gegenüber dem Markenmögen ist immens. Vor allem für emotional höher involvierende Produktkategorien eignet sich Markenliebe als Management-Ziel. Der Aufbau von Markenliebe ist allerdings ein herausforderndes Unterfangen. Markenliebe ist mehr als der bloße ‚Ausbau' einer Mögenbeziehung. Vielmehr entsteht

Markenliebe aus einem komplexen Wechselspiel endogener und exogener Markenerlebnisse. Eine Marke muss eine hervorragende Leistung bei den endogenen Erlebnissen liefern. Sie muss Spaß machen – beispielsweise einfach herausragend schmecken, ein einzigartiges Fahrerlebnis bieten oder die eigene Figur optimal betonen. Eine Marke, die dies erreicht, hat die Basis gelegt, um sich dem Aufbau von Markenliebe zu widmen. Die exogenen Erlebnisse sind meist für die Initialzündung zum Aufbau der Markenliebe verantwortlich. Sie sind durch das Marketing allerdings nur bedingt beeinflussbar, da es sich in der Regel um sehr persönliche Erfahrungen mit der Marke handelt. Was das Marketing allerdings leisten kann, ist die Wahrscheinlichkeit zu steigern, dass die Marke zu einem bedeutenden Bestandteil hochemotionaler, exogener Erlebnisse wird. Man sollte beispielsweise darauf achten, dass Marken, falls möglich, bereits in der Kindheit eine besondere Rolle spielen, dass sie in transitionalen Phasen anwesend sind, dass sie im Rahmen von Urlaubs- und Auslandserfahrungen konsumiert werden, dass sie regelmäßig Teil von Geschenkerlebnissen sind oder, falls es sich anbietet, Bestandteil eines Hobbys werden.

3.6 Trend Receiver – qualifizierte Visionskraft

Rupert Hofmann

Denken Sie gerade darüber nach, Ihren Job zu wechseln? Oder eine eigene Firma zu gründen? Oder sich für einen Hausbau zu verschulden? Guter Rat ist bekanntlich teuer, gerade dann, wenn einem die Entscheidung schwer fällt, „weil viel dran hängt". Wenn Sie nun eine schwierige Entscheidung treffen müssen, lassen Sie wahrscheinlich nicht 300 Facebook-Freunde darüber abstimmen, sondern sprechen mit Freunden, die breite Lebenserfahrung haben, die Sie gut kennen und die über Gespür dafür verfügen, was geeignet für Sie ist. Idealerweise sind diese Personen gleichzeitig aufgeschlossen und nehmen Veränderungen und neue Möglichkeiten wahr, die für Ihr Leben in den nächsten Jahren oder Jahrzehnten an Einfluss gewinnen könnten. Diese Personen können Ihnen helfen, ungewohnte Handlungsoptionen und sogar eigene Visionen zu entwickeln und Sie so darin unterstützen, sich auf den Weg zu neuen Zielen zu machen und Ihre Zukunft zu gestalten. Gelingt dies, dürfte sich Ihre Entscheidungsbasis deutlich verbessern, auch wenn Sie freilich dennoch keine Sicherheit erhalten, das Richtige zu tun. Ähnlich verhält es sich, skaliert auf weitreichende unternehmerische Fragestellungen, mit dem Trend-Receiver-Ansatz.

3.6.1 Langfristige Entscheidungen und Entwicklungsprozesse neuer Produkte und Services

Das Problem, weitreichende Entscheidungen treffen zu müssen, deren Auswirkungen erst in einigen Jahren unter Parametern relevant werden, die heute unklar sind, betrifft Privatpersonen ebenso wie die Politik, Verwaltung, Nicht- Regierungsorganisationen, Verbände und eben auch Unternehmen. Zu den in der Wirtschaft hierfür verwendeten Verfahren gehören mathematische und ökonometrische Methoden sowie verschiedenste Ansätze der Markt- und Trendforschung, die sich darum bemühen, zukünftige Bedürfnisse und Wünsche der Bürger oder Konsumenten zu erschließen. Eine wichtige Rolle spielt dabei vielfach das Befragen von Personen, von denen man sich Aufschluss über die zukünftige Entwicklung von Konsumpräferenzen und Marktbedingungen erhofft – Experten, Angehörige bestimmter Zielgruppen oder ein Querschnitt der Bevölkerung. Sowohl bei quantitativen als auch bei qualitativen Studien spielt daher die geeignete Befragtenauswahl eine entscheidende Rolle. Meist wird versucht, die soziodemographische Verteilung im Zielmarkt abzubilden. Zu sehr vielen Themen lässt sich auf diese Weise eine geeignete Befragtenzusammenstellung vornehmen. Erhebungen und Beobachtungen unter marktrepräsentativ ausgewählten Kunden bieten zu vielen Fragestellungen eine gute Wissensbasis. Es liegt in der Natur der Sache, dass bei weit in die Zukunft reichenden Entscheidungen und noch nicht im Markt befindlichen Konzepten, Unsicherheit bezüglich der Veränderung von Marktbedingungen und Kundenerwartungen besteht. Zukunftsoffen und positiv betrachtet, bieten diese jedoch neue Potenziale die entdeckt und erschlossen werden können. Zukunft lässt sich ja bekanntlich nicht vorhersehen. Aber sie lässt sich gestalten. Visionskraft und das Ertasten und Aufspannen realistischer Möglichkeitsräume kann hier wesentlich helfen. Hier kommen Fragestellungen des gesellschaftlichen Wandels und der Trendforschung ins Spiel.

Folgende Fragen aus der Praxis der Markt- und Trendforschung von Audi sind beispielhaft für Themen, die nur relativ schwer abzuschätzen sind und bei denen marktrepräsentative Befragungen nur begrenzte Aussagekraft versprechen:

- Wohin könnten sich Lebenswelten, Alltagsmobilität und Besitzverhalten im nächsten Jahrzehnt entwickeln?
- Welche neuen automobilen Konzepte und Mobilitätsangebote gewinnen an Fahrt?
- Wie sollte autonomes Fahren aus Sicht von Markt und Kunde gestaltet werden?
- Was ist Vorsprung im nächsten Jahrzehnt?

- Wie lassen sich neue digitale Erlebnisse mit dem Verlangen nach Intensität und sinnlichem Erleben von Material und Technologie verbinden? Welche Servicekonzepte überzeugen im nächsten Jahrzehnt aufgeschlossene und reflektierte Kunden, die wenig Zeit haben?

Die Auswahl von Teilnehmern im Rahmen von Studien zu diesen und anderen Zukunftsthemen und zukünftigen Konzepten wurde von der Markt- und Trendforschung von Audi als ein Feld mit erheblichem Optimierungspotenzial erkannt. Dafür gab es bisher kein zufriedenstellendes und für die Unternehmenspraxis geeignetes Konzept. Die Auseinandersetzung mit diesem Problem führte schließlich zu drei Forschungsfragen, die im Rahmen einer Dissertation in Zusammenarbeit mit der AUDI AG untersucht wurden (Hofmann 2011a) und dabei aber genauso für andere Unternehmen und Branchen von Interesse sind:

1. Wer sind die idealen Befragten bei Studien zu zukünftigen Konzepten?

Veränderungsprozesse und soziale, technische, künstlerische oder unternehmerische Neukonstellationen und deren Verbreitung und Normalisierung sind komplexe Zusammenhänge, die der differenzierten Betrachtung bedürfen. Hierfür in Frage kommen in erster Linie Personen, die sich beruflich und privat besonders intensiv mit dem Neuen beschäftigen. Manche Menschen verfügen dabei über deutliche Kompetenzvorteile. Auf Basis einer Zusammenschau von 20 bestehenden Konzepten im ‚Umfeld des Neuen' – hierzu gehören u. a. Lead User, Avantgarde, Early Adopter, Meinungsführer, Maven, Trend Scouts, Coolhunter und Cutting Edger – wurde eine Typologie der ‚Agenten des Neuen' gebildet, die die verschiedenen Konzepte in drei Bereiche clustert (siehe Abb. 3.10): Zum Ersten Inventoren, die das Neue früh aufgreifen und weiterentwickeln, zum Zweiten die Trend-Beobachter, die sich mit den Prozessen der Invention und Diffusion als solchen beschäftigen und schließlich die Multiplikatoren, die das Neue verbreiten.

Als Gesprächspartner zu Zukunftsthemen und zukünftigen Konzepten sind gute Trend-Beobachter geeigneter als Inventoren und Multiplikatoren. Denn Inventoren konzentrieren sich vermehrt auf das Erfinden, Verändern und Neukombinieren. Dabei setzen sie auch einiges in die Welt, das nie für eine größere Gruppe relevant wird. Dass nur ein sehr geringer Teil der Innovationen, die entwickelt werden, am Markt Erfolg haben, bestätigt dies. Multiplikatoren wiederum sind vielfach daran orientiert, etwas Neues früh zu besitzen und häufig geschieht dies erst, nachdem sich bereits abgezeichnet hat, dass das jeweilige Novum am Markt Erfolg hat; damit stehen sie tendenziell zu sehr im Heute und sind zu wenig zukunftsgerichtet, als dass sie sich als ideale Befragte empfehlen würden.

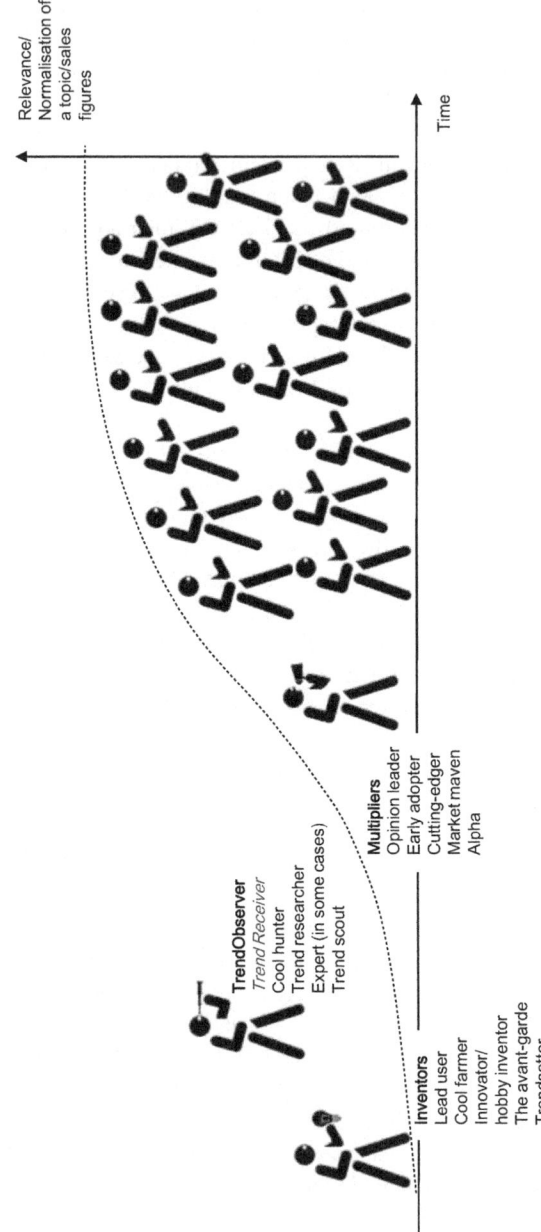

Abb. 3.10 Cluster der Agenten des Neuen. (Hofmann 2014)

Die Theorie der Agenten des Neuen wurde im Prozess des Forschungsprojektes auf Basis von 34 Expertengesprächen sowie der Auseinandersetzung mit Trend- und Innovationstheorien, Motivationspsychologie und Werteforschung entwickelt.

Das Konzept der Trend Receiver stellt eine Teilmenge des Trend-Beobachter-Konzepts dar. Trend Receiver werden als Personen definiert, die in einem bestimmten Bereich Veränderungen und Potenziale des Neuen weit überdurchschnittlich feinfühlig und differenziert erkennen. Trend Receiver verfügen über einen geschärften und kritischen Blick dafür, was Menschen treibt und was sich ändert, und sie können sich so besonders gut in realistische Möglichkeitsräume bzw. kommende Produkt- und Servicewelten hineindenken. Ihre qualifizierte Visionskraft entsteht aus dem Zusammenspiel von eigener Alltagserfahrung im relevanten Kontext mit Neugier, Beobachtungsfreude, Offenheit, Erfahrung, Vernetzung, Abstraktionsfähigkeit und Intuition.

Ein wichtiger Aspekt ist, dass Trend Receiver normalerweise nicht hauptberuflich als Trend Receiver tätig sind – hierin besteht auch ein wesentlicher Unterschied zu Experten. Vielmehr sammeln sie Wissen zu den Strukturen und Veränderungsprozessen eines bestimmten Kontextes, ohne es sich vorher bewusst zu machen bzw. ohne vorherigen Auftrag. An dem Bereich, um den es jeweils geht, haben Trend Receiver teil, sie sind dort gewissermaßen beheimatet und ‚mitten drin' und erhalten Informationen von ihren Bekannten oder Kollegen ‚im Nebenbei'. Trend Receiver fungieren dann als eine Art ‚Laien-Trendforscher' – eben in dem Bereich, in dem sie neue Einflüsse und Strukturen wahrnehmen und einschätzen können.

2. Wie lassen sich diese Personen finden?

So maßgeschneidert wie die Frage des ‚Wer?' sollte auch die Frage des ‚Wie finden?' behandelt werden: Auf Basis der kontextspezifischen Einschätzung zu idealen Befragten lassen sich Profile beziehungsweise Kriterienkataloge von Trend Receivern erstellen. Mit ihrer Hilfe lassen sich Vermittler ansprechen, die zusammengefasst zwei Kriterien erfüllen müssen. Sie sollten über genügend Verständnis, Einschätzungsvermögen und Menschenkenntnis verfügen, um das Suchprofil auf passende reale Personen beziehen zu können. Dies impliziert eine freie, allerdings keineswegs beliebige Interpretation des Profils. Gleichzeitig sollten sie durch ihr Netzwerk Zugang zu geeigneten Personen haben.

3. Wie soll der Dialog mit diesen Personen gestaltet werden?

Ein zentraler Begriff für den Dialog mit Trend Receivern ist Wertschätzung beziehungsweise ‚Premium Treatment'. Hierfür ist es wesentlich, als lernwilliges Unternehmen einen inhaltlich intensiven Austausch zu suchen und auf diese Weise Einblick in die Beobachtungen, Wahrnehmungsweisen und Standpunkte der Gesprächspartner zu erhalten. Den Gesprächspartnern wiederum werden Einblicke in interessante strategische Themen und mögliche zukünftige Produkte und Services geboten.

So wie das Trend-Receiver-Suchprofil und der Suchprozess maßgeschneidert erfolgen müssen, sollte auch das Befragungsdesign in Abhängigkeit von den jeweiligen Fragestellungen und Umständen konzipiert werden – einmal mehr ist Maßanfertigung das relevante Schlagwort. Diese Orientierung an bestmöglichen Antworten auf die Fragestellungen muss damit einhergehen, die Vorgehensweisen und Abläufe der Studien gleichzeitig auch von den Befragten her zu denken. So entsteht ein offener Austausch mit Trend Receivern, der beiden Seiten nützt und auch langfristig die bestmöglichen Ergebnisse und Erkenntnisse liefert.

3.6.2 Trend-Receiver-Projekte in der Audi-Praxis

Der Produktentwicklungsprozess dauert bei einem Autohersteller wie Audi fünf bis sieben Jahre vom Konzept bis zur Markteinführung. Das Auto bleibt dann normalerweise weitere sieben Jahre auf dem Markt. Das bedeutet, Modelle die 2015 erdacht werden, müssen 2030 noch aktuell sein. Das verstärkt die Bedeutung der erwähnten Fragen, bei denen der Trend-Receiver-Ansatz ins Spiel kommt.

Zwischen dem ersten Studienexperiment im Juni 2009 und dem Sommer 2015 hat die Markt- und Trendforschung von Audi gemeinsam mit den mit ihr verknüpften Audi Innovation Research Offices in Beijing und San Francisco knapp 30 Trend-Receiver-Projekte durchgeführt. Eingeladen wurden im Lauf der Zeit ca. 500 Personen, um über Zukunftsthemen und zukünftige Produkte und Services zu diskutieren. Trend Receiver wurden u. a. zu verschiedenen „Car Clinics" eingeladen, um differenziertes Feedback zu neuen Fahrzeugkonzepten und Designs zu geben. Dabei dachten sie sich im Dialog mit den Entwicklern und Marken- und Produktstrategen hinein, wofür das jeweilige Modell stehen könnte bzw. sollte, wenn es in ein paar Jahren auf den Markt kommt und welche Aspekte aus der Sicht zukünftiger Kunden wichtiger werden könnten. So entstanden vielfach differenzierte und pointierte Statements und konkrete Änderungsvorschläge wurden formuliert. Gleichzeitig wurde die Situation genutzt, um mit den Trend Receivern mögliche Alltagssituationen einer kommenden Nutzung des jeweiligen Modells zu besprechen und Ideen für eine glaubwürdige und attraktive Positionierung und spätere Kommunikation zu entwickeln.

Neben diesen Forschungsprojekten beinhalteten die Gesprächsrunden mit den Trend Receivern diverse andere Themen. 2009 wurden 20 Trend Receiver dazu eingeladen, die Zukunft von „Premium" zu diskutieren. Aspekte wie Nachhaltigkeit, Formensprache und Mobilität im Allgemeinen standen im Vordergrund. Eine andere Studie befasste sich mit dem Themenfeld „Leichtigkeit", um die Dimensionen und das Potenzial für die Marke Audi zu eruieren. Dazu zählten die Aspekte Ästhetik/Exterieur-Design, Leichtbau und Markenkommunikation.

2013 nahmen 32 Trend Receiver aus Deutschland, Österreich, China und den USA teil an einer Studie zu Veränderungen und neuen Potenzialen der Markenführung. Dabei ging es um die Entwicklung der Bedeutung von Marke im Allgemeinen und Audi im Speziellen. Im selben Jahr entstand ein weiteres Projekt mit dem Titel „Tuesday 2025". In dieser Studie entstanden Filme zu möglichen Alltagswelten automobiler Premiumkunden im nächsten Jahrzehnt, auf Basis einer sehr breiten Sekundäranalyse sowie eigenständiger Recherche und vielfältigen Expertengesprächen zum ökonomischen, infrastrukturellen, technologischen, kulturellen und ästhetischen Wandel. Hinzu kam als zentrales Element von „Tuesday 2025" die Gesprächsserie mit 30 Trend Receivern in China, Deutschland und den USA: Die Gesprächspartner reflektierten, was sich an ihrer eigenen Mobilität und Automobilnutzung in 10–15 Jahren ändern könnte und sollte und welche Bedürfnisse und Verhaltensweisen relativ konstant bleiben dürften. Sie gingen dabei auch Fragestellungen nach Veränderungen im Alltagsverhalten, beim Kaufen und Nutzen bei sich selbst sowie bei anderen nach. Sie verknüpften die Gedankengänge mit Veränderungsdynamiken, die sie aufgrund ihrer Beobachtungsfreude, ihrer Tätigkeit, durch internationale Vernetzung, Interessensbreite, Neugier und Offenheit wahrgenommen hatten. So entstanden deutliche und gut begründete Statements, was überzeugende zukünftige Produkt- und Serviceangebote, Handelsformate und Kommunikationsformen ausmacht und welche Elemente des heutigen Angebots und Geschäftsmodells teilweise recht zügig weiterentwickelt oder aber auch drastisch verändert werden sollten.

3.6.3 Beispiel für den praktischen Nutzen: Audi City

Audi begann 2009 mit der Planung eines neuartigen innerstädtischen Flagshipstore-Konzepts (siehe Abb. 3.11). Es sollte das Erste seiner Art in der Automobilbranche werden und neue Maßstäbe setzen. Zum Beispiel sollten die Wände aus riesigen Bildschirmen bestehen. Sie sollten neben Filmen und Bildern der kompletten Audi-Modellreihe in Echtgröße Kunden die Möglichkeiten bieten, Autos zu konfigurieren und diese in Bewegung zu sehen. Reale, anfassbare Objekte wie Materialien oder Farbpaletten lassen sich dort über digitale Schnittstellen spielerisch und interaktiv mit den riesigen Bildschirmen verbinden.

Abb. 3.11 Audi City. (Hofmann 2014)

In Zeiten, in denen Audi seine Modellpalette von Jahr zu Jahr erweiterte, bestand der Plan darin, dass Audi City eine innerstädtische Markenpräsenz und Verkaufsort mit nur einem einzigen realen Automodell im Raum werden würde. Die Audi-City-Räume sollten dabei eine innerstädtische Ergänzung zu den großen Niederlassungen am Stadtrand sein. Kunden sollte so die Möglichkeit gegeben werden, aus tausenden Möglichkeiten ihr Auto komplett digital zusammenzustellen und das im Moment des Konfigurierens medial sehr plastisch mittels der riesigen Bildschirme und innovativen medialen Möglichkeiten zu erleben. Nicht zuletzt sollte so eine Zielgruppe wohlhabender Autokäufer angesprochen werden, die sich ohnehin online informiert, und auch auf Basis des digitalen Erlebnisses vor Ort recht unbefangen ein Auto konfigurieren und kaufen würde. Audi City sollte dabei ein neues digitales Erlebnis, eine bis dato unbekannte situativ bespielbare Raumatmosphäre sowie ein neues Verkaufs- und Mitarbeiterkonzept bieten.

Weil dieses Projekt weit in die Zukunft reichen würde und bedeutsame Investitionen für die globale Umsetzung einer zunehmenden Anzahl von Audi Cities erfordert, bat der Audi-Vorstand um eine Studie. Sie sollte sowohl ein besseres

Verständnis der Kundenwahrnehmung und Akzeptanz liefern als auch die Konzeptentwicklung durch die Meinung und Beobachtung Externer begleiten und beeinflussen.

Komplementär zu den Trend Receivern wurden auch marktrepräsentativ ausgewählte Kunden befragt. Diese waren hauptsächlich von den technischen Möglichkeiten und der Atmosphäre beeindruckt. Nur wenige konnten sich aber vorstellen, dort ein Auto zu kaufen. Im Vergleich dazu waren Trend Receiver weniger beeindruckt, begannen aber sofort sich vorzustellen, wie Kaufprozesse oder andere Erlebnisse in der Audi City gestaltet sein könnten bzw. sollten. Sie konnten sich sehr gut vorstellen, dort neue Autos zu kaufen und lieferten konkrete Ideen zu weiteren Serviceangeboten – von pragmatischen Vorschlägen hinsichtlich neuer Organisationsweisen von Probefahrten bis zu dramaturgischen Elementen der Nutzung von Raum und Bildschirm-Ensemble. Sie machten genaue Angaben, wie man die Räumlichkeiten weiter verbessern und ihren Charakter hervorheben und weiter formen könnte. Weitere Vorschläge bezogen sich auch auf interessante Standorte in Metropolen, in denen die Audi City eine besondere Rolle im urbanen Umfeld spielen könnte. Einige Überlegungen gingen soweit, durch Öffnung des Raumes für verschiedenste Kreise zu einem Austauschort und Impulsgeber des urbanen Lebensstils zu werden und durch partizipative Elemente Audi City wiederum weiterzuentwickeln. Diese Ideen beinhalteten ein Wechselspiel von Audi-Inhalten oder Audi-nahen Inhalten und Belangen mit einer Nutzung für gänzlich andere Zwecke als die von Audi.

2012 wurde der erste Showroom während der olympischen Spiele in London eröffnet und es folgten weitere wie Audi City Beijing 2013 und Berlin 2014. Des Weiteren wurden diverse Elemente von Audi City in andere Handelsformate und verschiedene Vertriebs-, Service- und CRM-Prozesse integriert. Die Trend-Receiver-Gespräche haben 2011 einen wichtigen Beitrag geleistet, ein Konzept zu entwickeln, das seit dem und auch über Audi hinaus als wegweisend wahrgenommen wurde und wird.

3.6.4 Fazit

Trend Receiver Statements verknüpfen Visionskraft mit konkreten Alltagswünschen

Praktiker sehen sich der Aufgabe gegenüber, Trendinformationen für ihre jeweilige Firma nutzbar bzw. anwendbar zu machen. Sie müssen die grundsätzliche Frage beantworten: „Und jetzt: was bedeuten nun die jeweiligen Trendannahmen, Aussagen und Ergebnisse für unsere Strategie, unsere Marke, unsere Services, die

Kommunikation oder das Geschäftsmodell und die Strukturen und Prozesse der Firma?" Der Praxistransfer wird so zur zentralen Aufgabe. An dieser Stelle verbindet das Trend-Receiver-Konzept die Kundenperspektive mit Beobachtungsfreude und Neugier sowie Vorstellungs- und Projektionsfähigkeit. Trend-Receiver-Studien orientieren sich an der Anbindung in eine greifbare Alltagswelt. Das verhindert „Luftschlösser" oder losgelöste Utopien. Trend-Receiver-Studien verfolgen das Ziel, realistische Möglichkeitsräume aufzuspannen. Zukunftsüberlegungen sollen so ein ernsthaftes Tool der Veränderung sein. Idealerweise sind sie so überzeugend, dass sie regelrecht Handlungsdruck auslösen und ein Unwohlsein entfachen, wenn sich abzeichnende Potenziale nicht gehoben werden oder die Gefahr droht, durch Marktveränderungen unter die Räder zu geraten.

Entscheidend für den Erfolg dieses Instruments ist der iterative, reflektierende Prozess durch die Studienverantwortlichen und die situativ maßgeschneiderte Auswahl von für die jeweilige Fragestellung geeigneten Personen. Die individuelle Kombination aus Fachwissen, Beobachtungsgabe und Vorstellungskraft konkretisiert die Trendinformation und liefert handfeste Antworten. Durch die Kombination aus Insight und Foresight können neuartige Blickwinkel aufgezeigt werden und zukünftig erfolgreiche Lösungen auf den Weg kommen (Erkenntnistheoretisch folgt der Trend-Receiver-Ansatz Kants Konzept der reflektierenden Urteilskraft, vgl. Hofmann 2011a).

Trend Receiver ermöglichen selbstverständlich kein gesichertes Wissen zu den Kundenerwartungen und Märkten von morgen – ein verlässlicher ‚Blick in die Zukunft' ist unmöglich. Aber durch die Identifikation von Trend Receivern kann es in der unternehmerischen Praxis gelingen, von den konkreten Fragestellungen der Entscheider und Fachabteilungen her kommend, aufschlussreiche Erkenntnisse zu sich verändernden Kundenerwartungen und zu Potenzialen des Neuen zu erhalten. So kann ein sehr direkter Trendtransfer erfolgen und ein wertvolles Pendant zu marktrepräsentativen Studien entstehen. Studien zu Zukunftsthemen und zu zukünftigen Konzepten lassen sich so deutlich optimieren und im Hinblick auf Angebote, die erst in einigen Jahren auf den Markt kommen, lässt sich die Entscheidungsbasis verbessern.

In Zukunft werden gerade auch im Umfeld von Big Data vielfältige neue Möglichkeiten der Trendforschung geschaffen. Um die Daten zu verstehen, benötigt es sowohl Auswertungsalgorithmen als auch spezielle menschliche Fähigkeiten wie sie im Trend-Receiver-Konzept beschrieben sind. Für die weitere Forschung sowie für die praktische Anwendung könnte es also von Interesse sein, wie visionäre Vorstellungskraft komplementär zur statistischen Datenauswertung angewandt wird und werden kann.

Larry Page meinte einmal, es wäre für Unternehmen überlebenswichtig, von Zeit zu Zeit eine Wette auf die Zukunft abzuschließen, andernfalls würden sie nicht langfristig überleben (Schulz 2014). Für Unternehmen, die diese Anschauung teilen, wäre es sicherlich interessant, relevante Wetten mit Trend Receivern zu diskutieren. So könnte eine konkrete Vorstellung entstehen, wie das Produkt, der Service oder das Geschäftsmodell im Alltagsleben der Zukunft eingebettet sein wird. In Verbindung mit anderen Möglichkeiten der Datenanalyse, Recherche und Erhebung können wiederkehrende Gespräche mit Trend Receivern dabei helfen, nicht nur auf das richtige Pferd zu setzen, sondern auch das Rennen zu machen.

3.7 Service Dominant-Logic und Markenführung – Die Bedeutung soziokultureller Ressourcen für die Wertschöpfung der Konsumenten

Jan Drengner

3.7.1 Einleitung

Mit ihrem Ansatz der Service Dominant-Logic (SDL) plädieren Vargo und Lusch (2004, 2008) für eine Überwindung der in der Marketingtheorie und -praxis lange Zeit vorherrschenden produktbezogenen Perspektive auf die Austauschprozesse, die in modernen Volkswirtschaften zwischen Marktteilnehmern stattfinden (sog. Goods Dominant-Logic). Statt Produkten, die Unternehmen mit ihren Kunden gegen Geld tauschen, betrachten beide Autoren das Konzept des *Service* als zentralen Dreh- und Angelpunkt der Interaktionen auf einem Markt agierender Akteure. Im Sinne eines Dienstes verstehen sie unter Service die Anwendung des Wissens und der Fähigkeiten eines Marktteilnehmers (z. B. Unternehmen) zum Wohle eines anderen Marktteilnehmers (z. B. Konsument) (Vargo und Lusch 2004, S. 2). So nehmen beispielsweise Konsumenten den Service eines Unternehmens (z. B. in Form eines Produktes oder einer Dienstleistung) für sich in Anspruch, um dadurch ihr individuelles Wohlbefinden zu steigern. Da eine solche Wertschöpfung nur durch die Beteiligung der Konsumenten möglich ist, übernehmen sie dabei die Rolle eines *Co-Creators of Value*. Unternehmen generieren somit nicht selbständig den Wert der von ihnen angebotenen Leistung, sondern sie unterbreiten lediglich Wertangebote.

Die hier skizzierten grundlegenden Aussagen der SDL gelten auch für den Kontext der Markenführung. So zeigen die Ausführungen in den vorangegangenen Beiträgen dieses Sammelbandes, dass sich Konsumenten unter Beteiligung anderer Akteure (z. B. Medien) Marken auf verschiedene Art und Weise aneignen. Die dabei ablaufenden individuellen Wertschöpfungsprozesse müssen jedoch nicht zwangsweise zu Ergebnissen führen, die den Intentionen des markenführenden Unternehmens entsprechen. Vielmehr können auch negative Effekte daraus resultieren, wie die Vereinnahmung der Marke Lonsdale durch Rechtsextreme belegt (siehe Kap. 2.1 in diesem Sammelband).

Gegenwärtige Ansätze des Markenmanagements (z. B. Esch 2014, S. 91 ff.; Burmann et al. 2012, S. 60; Kapferer 2012, S. 151 ff.) erklären solche Phänomene und die daraus resultierenden Probleme für die Markenführung bisher nur unzureichend, da sie die Marke implizit als einen vom Unternehmen vollständig kontrollierbaren Vermögensgegenstand betrachten (Fisher und Smith 2011; Allen et al. 2008, S. 783; Mühlbacher et al. 2008, S. 314). Eine stärkere Berücksichtigung der zwischen einer Marke und ihren Anspruchsgruppen (z. B. Käufer der Marke, Kritiker der Marke) ablaufenden Wertschöpfungsprozesse bietet hingegen das auf Erkenntnissen der SDL basierende Konzept der soziokulturell integrierten Markenführung (Drengner et al. 2013), welches im Weiteren vorgestellt werden soll. Dazu wird in den folgenden Kapiteln zunächst die Marke als ein Bündel verschiedener Arten von Service konzeptualisiert. Anschließend stehen die bei den Konsumenten ablaufenden Wertschöpfungsprozesse bei Inanspruchnahme dieses Services im Mittelpunkt. Besonderes Augenmerk liegt dabei auf dem sozialen und kulturellen Kapital der Konsumenten, da diese Ressourcen besonders stark die mit einer Marke verknüpfte Wertschöpfung prägen können. Das letzte Kapitel dieses Beitrags fasst die gewonnenen Erkenntnisse zum Konzept der soziokulturell integrierten Markenführung zusammen.

3.7.2 Marken als Servicebündel zur Unterstützung der Wertschöpfung der Konsumenten

Aus der Perspektive der SDL lassen sich Marken als ein Bündel von drei eng miteinander verknüpften Servicetypen auffassen (Drengner 2015, S. 33 f.): Der *primäre Service* umfasst die unmarkierte Kernleistung sowie die damit verbundenen Zusatzleistungen (z. B. Garantien, Versicherungen). Der *sekundäre Service* betrifft die Markierung der Kernleistung, während sich der *tertiäre Service* aus den Maßnahmen der operativen Markenführung (z. B. Kommunikationsmaßnahmen, Verpackungsdesign, Gestaltung von Verkaufsräumen) ergibt. Aus der Inanspruchnahme des Servicebündels können Konsumenten eine Vielzahl unterschiedlicher Arten von Wert für sich schöpfen (Drengner 2015, S. 34 f.; Jahn und Drengner 2014). Hierzu zählen beispielsweise die schnelle, bequeme oder kostengünstige Erfüllung funktionaler Ziele (Effizienz), das Genießen ästhetisch ansprechender

Stimuli (Ästhetik), das Erleben positiver Emotionen (Vergnügen), das Knüpfen sozialer Kontakte (Verbundenheit) oder die Stärkung der eigenen Identität (Status und Ansehen). Wie die folgenden Beispiele illustrieren, fungieren dabei alle drei Servicetypen der Marke als Quellen der Wertschöpfung:

- primärer Service: So bietet ein unmarkiertes Kleidungsstück seinem Träger Schutz vor Kälte (Effizienz) oder Freude am modischen Design (Ästhetik). Handelt es sich um ökologisch und/oder sozial nachhaltig produzierte Kleidung, so stärkt diese eventuell auch das Selbstbild ihres Trägers als verantwortungsbewusst handelnde Persönlichkeit (Status).
- sekundärer Service: Die Markierung des Kleidungsstücks mit einem Logo kann die Informationsverarbeitung des Konsumenten bei der Kaufentscheidung vereinfachen, indem es der besseren Unterscheidung und Identifizierung der auf einem Markt angebotenen Leistungen dient (z. B. die Marke Hessnatur als Signal für umweltfreundlich produzierte Bekleidung) (Effizienz). Zusätzlich verknüpfen Menschen mit Markenzeichen häufig bestimmte symbolische Bedeutungen (z. B. die Marke Hermès als Symbol für Luxus). Indem eine Person eine solche symbolisch aufgeladene Marke bewusst und für ihr soziales Umfeld sichtbar konsumiert, sollen sich diese Bedeutungen auf das Selbst übertragen und Status sowie Ansehen des Individuums stärken (McCracken 1986).
- tertiärer Service: Operative Maßnahmen der Markenführung, wie Marketing-Events, Markenerlebniswelten oder aufwändig gestaltete Einkaufsstätten (Flagship Stores), stiften zum Beispiel dann Wert, wenn sie bei ihren Besuchern positive Emotionen hervorrufen (Vergnügen). Geschieht die Nutzung dieser Maßnahmen gemeinsam mit anderen Personen, lassen sich außerdem soziale Kontakte aufbauen und festigen (Verbundenheit).

3.7.3 Bedeutung der Ressourcen des Konsumenten für die markenbezogene Wertschöpfung

Systematisierung der Ressourcen des Konsumenten

Gemäß der SDL hängt die aus dem primären, sekundären und/oder tertiären Service einer Marke resultierende Wertschöpfung eines Konsumenten von dessen individuellen Set an Ressourcen ab (Vargo und Lusch 2004). Hierzu zählen einerseits materielle Ressourcen (sog. operande Ressourcen), wie der Besitz an Gütern oder finanziellen Mitteln, sowie andererseits das Wissen und die Fähigkeiten des Individuums (sog. operante Ressourcen). Zu den operanten Ressourcen gehören neben psychischen und physischen Fähigkeiten und Fertigkeiten (z. B. Intelligenz, Geschicklichkeit) das kulturelle und das soziale Kapital der Person (Drengner 2015,

S. 37 f.; Arnould et al. 2006). Das kulturelle Kapital beschreibt die auf Lern- und Erfahrungsprozessen beruhende individuelle Akkumulation von Kultur in Form der Bildung einer Person (Bourdieu 1983, S. 187). Es entsteht unter anderem durch Interaktionen mit einer Vielzahl von Akteuren, wie beispielsweise staatlichen Institutionen (z. B. Schulen, Universitäten), kulturellen Einrichtungen (z. B. Museen, Theater), politischen Organisationen (z. B. Parteien, Nichtregierungsorganisationen), kommerziellen Anbietern (z. B. Medien, Unternehmen) oder Menschen aus dem unmittelbaren sozialen Umfeld. Das soziale Kapital betrifft hingegen die Ressourcen, „die mit dem Besitz eines dauerhaften Netzes von mehr oder weniger institutionalisierten Beziehungen gegenseitigen Kennens oder Anerkennens verbunden sind" (Bourdieu 1983, S. 191). Der Umfang des sozialen Kapitals einer Person hängt dabei von der Ausdehnung des Netzes ihrer sozialen Beziehungen ab. Weiterhin wird es vom Umfang des kulturellen und ökonomischen Kapitals der Akteure geprägt, die Bestandteil dieses Netzes sind (Bourdieu 1983, S. 192). Soziales und kulturelles Kapital stehen somit in wechselseitiger Beziehung, indem eine Person einerseits vom Wissen und der Bildung seiner sozialen Kontakte profitiert. Andererseits beruht die gezielte Auswahl dieser Kontakte zum Aufbau des Netzwerkes auf dem kulturellen Kapital des Individuums.

Kulturelles Kapital

Konsumenten nutzen ihr kulturelles Kapital, um aus dem primären, sekundären und/oder tertiärem Service einer Marke für sich Wert zu schöpfen. So kann eine Person eine Marke beispielsweise nur dann zur Stärkung ihres Ansehens in ihrem sozialen Umfeld einsetzen, wenn sie über Wissen bezüglich der symbolischen Bedeutung der Marke bei der jeweiligen Referenzgruppe verfügt. Unternehmen versuchen diesen von Konsumenten gewünschten Bedeutungstransfer (McCracken 1986) im Rahmen der Markenführung zur Erreichung ihrer Ziele zu nutzen: Indem sie mittels operativer Marketingmaßnahmen ausgewählte kulturell geprägte Inhalte aufgreifen, verknüpfen sie die Marke mit symbolischen Bedeutungen, die das Kaufverhalten ihrer Zielgruppen beeinflussen können. Beispielsweise stellt Red Bull mit seinen Kommunikationsmaßnahmen (z. B. Sponsoring, Eventmarketing) bewusst Beziehungen zu Sport (z. B. Extrem- und Trendsportarten) und Kultur (z. B. Hip-Hop) her, um den Energydrink mit positiven Assoziationen (z. B. dynamisch, aktivierend, modern) zu verknüpfen (Gorse et al. 2010).

Aufgrund der Komplexität und Vielschichtigkeit des kulturellen Kapitals der Konsumenten muss die auf eine Marke bezogene Wertschöpfung jedoch nicht zwangsweise dem vom Unternehmen intendierten Umgang mit dem Service der Marke entsprechen. Vielmehr können auch unerwünschte Effekte auftreten: So verkaufte zum Beispiel die Marke Ariel während der Fußball WM 2014 eine Sonderpackung für Waschmittel (primärer Service), auf welcher ein weißes Trikot der deutschen Nationalmannschaft mit der Rückennummer 88 gedruckt war. Mit der Zahl 88 wollte der Hersteller auf die Menge der in der Packung enthaltenen Waschladungen hinweisen (sekundärer Service), wobei er offenbar jedoch nicht die kulturelle Bedeutung einer solchen Kennzeichnung bei einigen Konsumenten berücksichtigte: Da das H der achte Buchstabe im Alphabet ist, steht die 88 in der rechtsradikalen Szene für „Heil Hitler". Einen ähnlichen Fauxpas leistete sich die Marke Zara, die für Babys und Kleinkinder ein dunkelblau und weiß gestreiftes Hemdchen mit einem gelben sechseckigen Stern auf der linken Brust (primärer Service) anbot. Dieses als „gestreiftes Sheriff T-Shirt" vermarktete Kleidungsstück erinnerte stark an die (allerdings längs gestreifte) Kleidung jüdischer Häftlinge in deutschen Konzentrationslagern. In beiden Fällen mangelte es dem Markenmanagement offenbar an Sensibilität für bestimmte Ausprägungen des kulturellen Kapitals in ihrem Zielmarkt, was bei den Konsumenten und in den Medien für Kritik und Spott sorgte.

Soziales Kapital
Aufgrund der zunehmenden Nutzung sozialer Medien in den vergangenen Jahren, bildet das Internet für viele Menschen mittlerweile eine wichtige Quelle zum Aufbau und zur Pflege ihres sozialen Kapitals. Für den Markenkontext ist diese Entwicklung insofern relevant, da die Anspruchsgruppen einer Marke (z. B. Konsumenten, Journalisten, Politiker) somit über eine Vielzahl von Möglichkeiten verfügen, untereinander Informationen, Meinungen oder Konsumerfahrungen auszutauschen und auf diesem Weg das öffentliche Bild der Marke zu prägen. Beispielsweise wären die oben dargestellten „Fehlgriffe" der Marken Ariel und Zara ohne die mediale Vernetzung von Konsumenten und Medien vermutlich nur einer kleinen Gruppe von Personen aufgefallen.

Darüber hinaus manifestiert sich das soziale Kapital von Konsumenten in Form ihrer Vernetzung mit einer oder mehreren sog. *Consumption Communities*. Mit dem Begriff der Consumption Community beschreiben Marketingforscher Gruppen, in denen Menschen aufgrund eines gemeinsamen Interesses für bestimmte Konsumaktivitäten, Produkte, Dienstleistungen oder Marken miteinander interagieren, (Husemann et al. 2015; Chalmers Thomas et al. 2013, S. 1012). Für die Markenführung scheinen dabei vor allem die sozialen Beziehungen in Brand Communities, Non-Brand-Focused Communities, Anti-Brand Communities sowie die Entstehung sog. Community Brands von Relevanz zu sein (Drengner et al. 2013).

Die sozialen Kontakte zwischen den Konsumenten beruhen in *Brand Communities* auf ihrer gemeinsamen Begeisterung für eine Marke (Muñiz und O'Guinn 2001). Dies äußert sich beispielsweise darin, dass sie sich im Internet in eigenen

Gruppen und Foren über die Marke austauschen oder bei markenbezogenen Veranstaltungen (z. B. Treffen von VW Fans am Wörthersee) soziale Kontakte pflegen. Neben den positiven Wirkungen solcher Gemeinschaften auf den Markenerfolg, wie Stärkung der Loyalität, erhöhtes Cross-Selling-Potenzial oder geringere Service-Kosten aufgrund der gegenseitigen Unterstützung der Konsumenten (Algesheimer 2004, S. 8 ff.), können jedoch auch negative Effekte für die Marke auftreten. So besteht die Gefahr, dass sich die Brand Community-Mitglieder als „Miteigentümer" der Marke verstehen und deshalb Entscheidungen des Unternehmens im Rahmen der Markenführung ablehnen oder gar boykottieren (Muñiz und O'Guinn 2001, S. 427). Weiterhin zeigt das in Kap. 2.4 dargestellte Fallbeispiel zum Überraschungsei, dass die Nutzung des Service der Marke in Brand Communities nicht zwangsweise den Vorstellungen des Herstellers entsprechen muss.

In *Non-Brand-Focused Communities* (Kates 2004, S. 456) engagieren sich Personen aufgrund gemeinsamer Interessen (z. B. Musik, Sport, sexuelle Neigungen) oder Einstellungen (z. B. zu politischen Themen). Dabei nutzen die Mitglieder dieser Gemeinschaften häufig bestimmte Marken, um ihre Ziele optimal zu erreichen (Chalmers Thomas et al. 2013; Kates 2004). Von einer solchen Einbindung in eine Gruppe von Konsumenten können Marken in Form eines loyalen Kundenstamms profitieren. Wichtig ist dabei, dass die Mitglieder der Community die Marke als legitimen Partner anerkennen. Eine solche Markenlegitimität entsteht, wenn die Marke durch ihren primären, sekundären und/oder tertiären Service die Wertschöpfung innerhalb der Community unterstützt sowie die Normen und Werte der Gemeinschaft teilt (Drengner 2013, S. 297 ff.). Jedoch kann eine zu starke Legitimität auch schaden, wenn es zu einem Transfer negativer Bedeutung von den Community-Mitgliedern auf die Marke kommt. Dies illustrieren die Beispiele in Kap. 2.1 (Lonsdale, Fred Perry, New Balance).

Empfinden Konsumentengruppen hingegen den primären, sekundären und/oder tertiären Service einer Marke als illegitim, so können daraus im Extremfall *Anti-Brand Communities* entstehen, die die Aktivitäten von Markengegnern bündeln (Hollenbeck und Zinkhan 2010; Krishnamurthy und Kucuk 2009). So engagieren sich beispielsweise Fußballfans unter dem Slogan „Nein zu Red Bull! Für euch nur Marketing – Für uns Lebenssinn!" gemeinsam gegen die zunehmende Kommerzialisierung „ihres Sports" (Lehr 2015). Die Kritik betrifft dabei hauptsächlich die finanzielle Unterstützung des Fußballvereins RB Leipzig durch die Marke Red Bull (tertiärer Service). Darüber hinaus verdeutlicht der Zusammenschluss von Konsumenten unter dem Namen „Pinkstinks", dass sich das Engagement der Konsumenten in Anti-Brand Communities nicht zwangsweise auf eine bestimmte Marke beschränkt. Mit Hilfe von Kampagnen, Petitionen und Demonstrationen beanstandet diese Gruppe vielmehr jegliche Arten „illegitimen" Service (z. B.

Produkte, Kommunikationsmaßnahmen), mit dem Marken „Mädchen eine limitierende Geschlechterrolle zuweisen" (Pinkstinks Germany e. V. 2015). Generell muss die Gegnerschaft der Mitglieder solcher Gruppen nicht zwangsweise auf das markenführende Unternehmen beschränkt sein, sondern kann sich auch gegen die Kunden der Marke richten (Luedicke 2011; Luedicke et al. 2010). Consumption Communities können letztlich der Ausgangspunkt sog. *Community Brands* sein (Füller et al. 2008). Dieser Begriff beschreibt einen primären Service, den Konsumenten (z. B. von einer Marke enttäuschte Mitglieder einer Brand Community) ohne kommerzielle Hilfe gemeinsam für sich sowie andere Nachfrager kreieren und der sich im Laufe der Zeit zu einer eigenständigen Marke entwickelt (Cova und White 2010; Füller et al. 2008; Pitt et al. 2006). Die Kreation der Marke erfolgt ohne steuernden Einfluss eines Unternehmens, womit die Grenzen zwischen Markenanbieter und -konsument immer mehr verschwimmen. Ein Beispiel für eine Community Brand ist die Getränkemarke Premium (Cola, Bier, Holundergetränk, Mate), die aufgrund der Enttäuschung einiger Konsumenten mit afri-cola entstand (Husemann et al. 2015). Ähnliches gilt für den Energydrink „Fünf gegen zwei", durch dessen Produktion und Verkauf eine Gruppe von Fußballfans ein „moralisches Gegengewicht" gegen die – aus ihrer Sicht „illegitime" – Kommerzialisierung des Fußballsports (z. B. durch Red Bull) bieten will (5gegen2 UG 2015). Mit Gründung solcher Marken, treten die betroffenen Konsumenten letztlich in Konkurrenz zur ursprünglichen Marke.

3.7.4 Das Konzept der soziokulturell integrierten Markenführung

Abbildung 3.12 fasst die in den vorangegangenen Abschnitten erläuterten Prozesse in Form des Konzeptes der soziokulturell integrierten Markenführung zusammen (Drengner 2015; Drengner et al. 2013). Mittels strategischer Entscheidungen (z. B. Festlegung von Markenidentität, Markenpositionierung, Markenarchitektur) sowie operativer Maßnahmen (z. B. Leistungspolitik, Kommunikationspolitik) gestalten Unternehmen die Marke zunächst in Form eines Servicebündels. Nehmen Konsumenten den mit der Marke verknüpften primären, sekundären und/oder tertiären Service in Anspruch, so führt das zu interindividuell unterschiedlichen Wertschöpfungsprozessen, die wiederum die Bedeutung der Marke für den Einzelnen prägen. So kann beispielsweise die Marke Red Bull aufgrund der aktivierenden Wirkung des Getränks (primärer Service) oder wegen ihrer Kommunikationsmaßnahmen (z. B. Sponsoring von Sportveranstaltungen und Sportlern, Durchführung eigener Sport-Events; tertiärer Service) bei einer Person die Bedeutung eines Energydrinks besitzen, durch dessen Konsum sich ein „aktiver und dynamischer Lebensstil" ausdrücken lässt (Status und Ansehen). Andere Menschen empfinden hingegen das Engagement von Red Bull im Sport (z. B. Fußball) als „unberechtigten" Eingriff in ihre Lebenswelt, gegen den es sich zu wehren gilt (z. B. mittels Anti-Brand Community oder in Form einer Community Brand). In diesem Fall besteht die Wertschöpfung für den Einzelnen unter anderem in der Stärkung der eigenen Identität als „kritischer Konsument", der sich gegen die Kommerzialisierung bestimmter Lebensbereiche zur Wehr setzt (Status und Ansehen), oder im Aufbau sozialer Kontakte zu Menschen mit ähnlichen Einstellungen (Verbundenheit).

Dieses Beispiel verdeutlicht, dass Marken nicht nur bei ihren Käufern Wertschöpfungsprozesse auslösen, sondern auch bei einer Vielzahl anderer Protagonisten (z. B. Kritikern der Marke, Medien). Marken lassen sich demnach als soziale Konstruktionen auffassen, die in einem dynamischen, ununterbrochen stattfindenden Diskurs in einem Netzwerk verschiedener Akteure entstehen und sich permanent verändern (Giesler 2012).

Begründet liegen die individuellen Unterschiede bezüglich der Wertschöpfungsprozesse sowie Bedeutungskonstruktionen in den verschiedenen Ressourcen der Konsumenten. Besonders prägend für die Wertschöpfung ist dabei das soziokulturelle Kapital, welches durch die Interaktionen des Einzelnen mit seinem kultu-

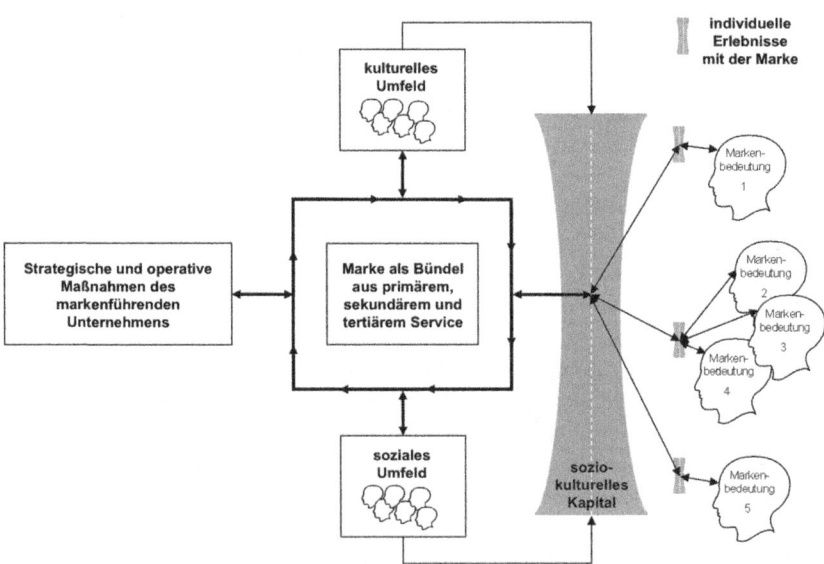

Abb. 3.12 Beziehung zwischen Maßnahmen der Markenführung, Marke, soziokulturellem Umfeld und Markenbedeutung. (In Anlehnung an Drengner et al. 2013, S. 154)

rellen und sozialen Umfeld entsteht. In Abb. 3.12 versinnbildlichen dies die beiden konkaven Linsen: Ähnlich einem Lichtstrahl, welcher an einer Zerstreuungslinse gebrochen wird, verdeutlicht die große Linse, dass die Konsumenten aufgrund von Unterschieden ihres sozialen und kulturellen Kapitals einer Marke interindividuell voneinander abweichende Bedeutungen verleihen (z. B. Person 1 vs. 5). Dabei gilt es zu beachten, dass Personen mit einem ähnlichen soziokulturellen Umfeld im Rahmen ihrer Wertschöpfung auch auf ähnliche Ressourcen zurückgreifen. In solchen Interpretationsgemeinschaften können Übereinstimmungen hinsichtlich der Markenbedeutung entstehen (Edvardsson et al. 2011, S. 333 f.; Mühlbacher et al. 2008, S. 318 f.) (Konsument 2, 3 und 4). Darüber hinaus beeinflussen auch vergangene individuelle Erlebnisse mit der Marke die Wertschöpfung des Einzelnen (vgl. LaTour et al. 2010), sodass auch innerhalb von Interpretationsgemeinschaften interindividuelle Differenzen hinsichtlich der Markenbedeutung auftreten können (z. B. zwischen Person 2 und 4).

Der von dem markenführenden Unternehmen in diesen Prozess eingebrachte Service muss somit nicht zwangsweise in der vom Markenmanagement intendierten Bedeutung münden. Vielmehr besteht die Gefahr, dass in der Öffentlichkeit oder in bestimmten Konsumentengruppen ein Markenbild entsteht, welches nicht den gesetzten Zielen entspricht. Um ein solches „Doppelgänger-Image" (Giesler 2012; Thompson et al. 2006) zu vermeiden, sollten Unternehmen durch die Gestaltung des primären, sekundären und tertiären Service der Marke günstige Rahmenbedingungen für den o. g. Diskurs schaffen (Drengner et al. 2013, S. 155 ff.; Mühlbacher et al. 2008, S. 321 ff.). Dazu müssen Unternehmen zunächst ein generelles Verständnis (i.S. einer „Markenführungsphilosophie") dafür entwickeln, dass die Bedeutung einer Marke nicht ausschließlich von den Maßnahmen der Markenführung abhängt, sondern auch von den vielfältigen Wertschöpfungsprozessen einer Vielzahl von Anspruchsgruppen. Diese Gruppen gilt es zu identifizieren sowie Kenntnisse über deren soziokulturelles Kapital aufzubauen. Solche Einblicke in die Lebenswelten der für den Markenerfolg relevanten Akteure bieten vor allem qualitative Marktforschungsmethoden, wie beispielsweise Milieustudien (z. B. Sinus-Milieus, Sigma-Milieus) oder die Beobachtung der Aktivitäten der Mitglieder von Consumption Communities in sozialen Netzwerken. Aufbauend auf diesem Wissen lässt sich die Marke anschließend im Sinne eines Servicebündels gestalten. Dabei ist festzulegen, welche Arten von Wert (z. B. Effizienz, Ästhetik, Status, Ansehen, Verbundenheit) die Anspruchsgruppen aus dem primären, sekundären sowie den tertiären Service hauptsächlich schöpfen sollen.

Letztlich benötigt das für die strategische und operative Markenführung verantwortliche Personal nicht nur Wissen über die klassischen Techniken des Markenmanagements, wie Markenpositionierung, Markenstrategien, Markenarchitektur oder Branding. Vielmehr erscheint es notwendig, dass diese Mitarbeiter ein möglichst differenziertes kulturelles Kapital besitzen, um die Wirkungen ihrer Entscheidungen bei den Anspruchsgruppen der Marke richtig abschätzen zu können. Wäre das bei den Marken Ariel oder Zara der Fall gewesen, so hätten sich die durch den Service der Marke ungewollt ausgelösten Assoziationen zum Nationalsozialismus wahrscheinlich vermeiden lassen.

Literatur

5gegen2 UG. (2015). Die Idee. http://www.5gegen2.org/idee/. Zugegriffen: 29. Mai 2015.
Acker, K. (1990). *Ultra light – last minute-ex+pop-literatur*. (Hrsg von Almuth Carstens und mit einem Interview von Sylvère Lotringer). Berlin: Merve Verlag.
Albert, N., Merunka, D., & Valette-Florence, P. (2008). When consumers love their brands: Exploring the concept and its dimensions. *Journal of Business Research, 61,* 1062–1075.
Algesheimer, R. (2004). *Brand Communities: Begriff, Grundmodell, Implikationen*. Wiesbaden: Deutscher Universitätsverlag.
Allen, C. T., Fournier, S., & Miller, F. (2008). Brands and their meaning makers. In C. P. Haugtvedt, P. M. Herr, & F. R. Kardes (Hrsg.), *Handbook of consumer psychology* (S. 781–822). New York: Erlbaum.
Applbaum, K. (1998). The sweetness of salvation. Consumer marketing and the liberal bourgeois theory of needs. *Current Anthropology, 39*(3), 323–349.
Arnould, E. J., Price, L. L., & Malshe, A. (2006). Toward a cultural resource-based theory of the customer. In R. F. Lusch & S. L. Vargo (Hrsg.), *The service-dominant logic of marketing – dialog, debate, and directions* (S. 91–104). Armonk: Sharpe.
Batra, R., Ahuvia, A., & Bagozzi, R. P. (2012). Brand love. *Journal of Marketing, 76,* 1–16.
Baudrillard, J. (1978). *Kool Killer oder der Aufstand der Zeichen*. Berlin: Merve Verlag.
Bauer, H. H., Heinrich, M., & Mühl, J. C. M. (2008). Emotionale Kundenbindung im Mobilfunkmarkt. In H. H. Bauer, M. D. Bryant, & D. Dirks (Hrsg.), Erfolgsfaktoren des Mobile Marketing (S. 91–108). Berlin: Springer.
Bausinger, H. (1981). Technik im Alltag. Etappen der Aneignung. *Zeitschrift für Volkskunde, 77,* 227–242.
Bergkvist, L., & Bech-Larsen, T. (2010). Two studies of consequences and actionable antecedents of brand love. *Journal of Brand Management, 17*(7), 504–518.
Beuys, J., & Ende, M. (1989). *Kunst und Politik – ein Gespräch*. Wangen: FIU-Verlag.
Blumenberg, H. (2010). *Theorie der Lebenswelt*. Berlin: Suhrkamp.
Bolz, N. (1999). *Die Konformisten des Andersseins: Ende der Kritik*. München: Fink.
Bourdieu, P. (1982). *Die feinen Unterschiede. Kritik der gesellschaftlichen Urteilskraft*. Frankfurt a. M.: Suhrkamp.
Bourdieu, P. (1983). Ökonomisches Kapital, kulturelles Kapital, soziales Kapital. In R. Kreckel (Hrsg.), *Soziale Ungleichheiten* (Soziale Welt Sonderband 2) (S. 183–198). Göttingen: Schwartz.
Brügge, P. (1984). Die Mysterien finden im Hauptbahnhof statt. Spiegel-Interview mit Joseph Beuys über Anthroposophie und die Zukunft der Menschheit. *Der Spiegel, 23,* 178–186.

Bruns, D. (in Vorbereitung). Die Entstehung von Markenliebe: Entwicklungsprozess und Verlauf von Markenbeziehungen. Dissertation in Vorbereitung, Wuppertal.

Burmann, C., Halaszovich, T., & Hemmann, F. (2012). *Identitätsbasierte Markenführung*. Wiesbaden: Springer Gabler.

Carrier, J. G. (1995). *Gifts and commodities: Exchange and western capitalism since 1700*. London: Routledge.

Carroll, B. A., & Ahuvia, A. C. (2006). Some antecedents and outcomes of brand love. *Marketing Letters, 17*, 79–89.

Cassirer, E. (2007 [1944]). *Versuch über den Menschen. Einführung in eine Philosophie der Kultur*. Hamburg: Felix Heiner Verlag [zuerst engl. Version An Essay on Man, New Haven/London: Yale University Press].

Chalmers Thomas, T., Price, L. L., & Schau, H. J. (2013). When differences unite: Resource dependence in heterogeneous consumption communities. *Journal of Consumer Research, 39*(5), 1010–1033.

Corn, J. J. (2009). Text und Technik: Betriebsanleitungen und das Lesen von Objekten. In A. Ortlepp & C. Ribbat (Hrsg.), *Mit den Dingen leben. Zur Geschichte der Alltagsgegenstände* (= Transatlantische historische Studien, 39) (S. 51–75). Stuttgart: Steiner.

Costey, P. (2004). Pierre Bourdieu, penseur de la pratique. *Tracés Revue de Sciences humaines, 7*, 11–25.

Cova, B., & White, T. (2010). Counter-brand and alter-brand communities: The impact of web 2.0. on tribal marketing approaches. *Journal of Marketing Management, 26*(3–4), 256–270.

Crimp, D. (1975). Pictures. In B. Wallis (Hrsg.), *Art after modernism. Rethinking representation* (S. 175–187). Boston: Godine.

De Certeau, M. (1980). *L'invention du quotidien. Vol. 1: Arts de faire*. Paris: Union Générale d'Editeurs.

De Certeau, M. (1988). *Die Kunst des Handelns*. Berlin: Merve.

Douglas, M., & Isherwood, B. (1978). *The world of goods. Towards an anthropology of consumption*. London: Lane.

Drengner, J. (2013). *Markenkommunikation mit Sport – Wirkungsmodell für die Markenführung aus Sicht der Service-Dominant Logic*. Wiesbaden: Springer Gabler.

Drengner, J. (2015): Entwicklung eines Konzeptes der identitätsbasierten, soziokulturell integrierten Markenführung – Konzeptentwicklung auf Basis der Consumer Culture Theory und der Service-Dominant Logic. In: H. J. Schmidt & C. Baumgarth (Hrsg.), *Forum Markenforschung* (S. 27–45). Wiesbaden: Springer.

Drengner, J., Jahn, S., & Gaus, H. (2013). Der Beitrag der Service-Dominant Logic zur Weiterentwicklung der Markenführung. *Die Betriebswirtschaft, 73*(2), 143–160.

Durkheim, E. (1912). *Les formes élémentaires de la vie réligieuse*. Paris: Alcan.

Edvardsson, B., Tronvoll, B., & Gruber, T. (2011). Expanding understanding of service exchange and value co-creation: A social construction approach. *Journal of the Academy of Marketing Science, 39*(2), 327–339.

Esch, F.-R. (2002). Die Marke als Wertschöpfer. *Frankfurter Allgemeine Zeitung, 71*, 25.

Esch, F.-R. (2014). *Strategie und Technik der Markenführung* (8. Aufl.). München: Vahlen.

Esch, F.-R., Langner, T., & Rempel, J. E. (2005). Ansätze zur Erfassung und Entwicklung der Markenidentität. In F.-R. Esch (Hrsg.), *Moderne Markenführung. Grundlagen – Innovative Ansätze – Praktische Umsetzungen* (4., vollst. überarb. und erw. Aufl., S. 103–130). Wiesbaden: Gabler.

Ferus, K., & Rübel, D. (Hrsg.). (2009). *Die Tücke des Objekts – Vom Umgang mit Dingen*. Berlin: Reimer.
Fisher, D., & Smith, S. (2011). Cocreation is chaotic: What it means for marketing when no one has control. *Marketing Theory, 11*(3), 325–350.
Flickr (Mac Notes). (2016). 20 Jahre Lucky Strike Werbung – 100 Plakat-Motive. https://www.flickr.com/photos/macnotes/sets/72157621948920996. Zugegriffen: 21. April 2016.
Fraser, A. (2002). „Zitieren", sagen die Kabylen, „ist Wiederbeleben." In *Appropriation Now! Texte zur Kunst (Heft 46)* (S. 86–92). Berlin: Texte zur Kunst Verlag: The Association for Consumer Research.
Freedman, L. (2006). *The transformation of strategic affairs*. Abingdon: Routledge.
Füller, J., Luedicke, M. K., & Jawecki, G. (2008). How brands enchant: Insights from observing community driven brand creation. In C. Pechmann & L. L. Price (Hrsg.), *Advances in consumer research* (S. 359–366). Duluth: The Association for Consumer Research.
Gabriel, Y., & Lang, T. (1995). *The unmanageable consumer: Contemporary consumption and its fragmentation*. London: Sage.
Giesler, M. (2012). How doppelgänger brand images influence the market creation process: Longitudinal insights from the rise of botox cosmetic. *Journal of Marketing, 76*(6), 55–68.
Gorse, S., Chadwick, S., & Burton, N. (2010). Entrepreneurship through sports marketing: A case analysis of red bull in sport. *Journal of Sponsorship, 3*(4), 348–357.
Gregson, N., & Beale, V. (2004). Wardrobe matter: The sorting, displacement and circulation of women's clothing. *Geoforum, 35*(6), 689–700.
Gumbrecht, H. U. (2012). *Präsenz*. Frankfurt a. M.: Suhrkamp.
Hahn, H. P. (2005). *Materielle Kultur. Eine Einführung*. Berlin: Reimer.
Hahn, H. P. (2011). Consumption, identities, and agency in africa: An overview. In H. Berghoff & U. Spiekermann (Hrsg.), *Decoding modern consumer societies* (S. 69–87). New York: Palgrave.
Hahn, H. P., & Kibora, L. O. (2008). The domestication of the mobile phone. Oral society and new ICT in Burkina Faso. *Journal of Modern African Studies, 46*(1), 87–109.
Haug, W. F. (1963). Zur Ästhetik von Manipulation. *Das Argument, 25*(5), 23–36.
Häusel, H.-G. (2012). *Neuromarketing: Erkenntnisse der Hirnforschung für Markenführung, Werbung und Verkauf. Freiburg im Breisgau*. München: Haufe-Lexware.
Hofmann, R. (2014). Visionary competence for long-term development of brands, products and services: The trend receiver concept and its first applications at Audi. *Technological Forecasting & Social Change, 101*, 83–98. http://dx.doi.org/10.1016/j.techfore.2014.06.005.
Hohmann, K., & Tietze, K. (Hrsg.). (2013). *Denimpop. Jeansdinge lesen*. Berlin: Merve.
Hollenbeck, C. R., & Zinkhan, G. M. (2010). Anti-Brand communities, negotiation of brand meaning, and the learning process: The case of Wal-Mart. *Consumption Markets & Culture, 13*(3), 325–345.
Holt, D. (2002). Why do brands cause trouble? A dialectical theory of consumer culture and branding. *Journal of Consumer Research, 29*(1), 70–90.
Horkheimer, M., & Adorno, T. W. (1947). *Dialektik der Aufklärung*. Amsterdam: Querido.
Husemann, K., Ladstaetter, F., & Luedicke, M. K. (2015). Conflict culture and conflict management in consumption communities. *Psychology & Marketing, 32*(3), 265–284.
Hutt, W. H. (1936). *Economists and the public: A study of competition and opinion*. London: J. Cape.

Huttenlauch, A. B. (2006). Nimm mich – Appropriation Art. www.artnet.de/magazine/appropriation-art. Zugegriffen: 3. April 2015.

Inglis, D. (2011). A Durkheimian account of globalization. The construction of global moral culture. *Durkheimian Studies, 17*(1), 103–120.

Jaeggi, R. (2002). Aneignung braucht Fremdheit. In *Appropriation Now! Texte zur Kunst (Heft 46)* (S. 60–70). Berlin: Texte zur Kunst Verlag.

Jahn, S., & Drengner, J. (2014). Entstehung und Wahrnehmung des Service Value. In M. Bruhn & K. Hadwich (Hrsg.), *Service Value als Werttreiber – Konzepte, Messung und Steuerung (Forum Dienstleistungsmanagement)* (S. 33–57). Wiesbaden: Gabler Verlag.

Kapferer, J.-N. (1992). *Die Marke – Kapital des Unternehmens.* Landsberg: Moderne Industrie.

Kapferer, J. N. (2012). *The new strategic brand management* (5. Aufl.). London: Kogan Page.

Kates, S. M. (2004). The dynamics of brand legitimacy: An interpretive study in the gay men's community. *Journal of Consumer Research, 31*(2), 455–464.

Keller, K. L. (2013). *Strategic brand management: Building, measuring, and managing brand equity*. Harlow: Pearson Education.

Krishnamurthy, S., & Kucuk, S. U. (2009). Anti-branding on the internet. *Journal of Business Research, 62*(11), 1119–1126.

Kroeber-Riel, W. (1988). *Strategie und Technik der Werbung: Verhaltenswissenschaftliche Ansätze*. Stuttgart: Kohlhammer.

Kroeber-Riel, W. (1993). *Bildkommunikation*. München: Vahlen.

Langner, T., & Kühn, J. (2010). Vom Wesen der intensivsten aller Markenbeziehungen. In W. Baumann, U. Braukmann, & W. Matthes (Hrsg.), *Innovation und Internationalisierung* (S. 589–612). Wiesbaden: Gabler.

Langner, T., Fischer, A., & Kürten, D. (2009). The nature of brand love: Results from two exploratory studies. Proceedings of the 8th ICORIA, Klagenfurt, Österreich.

Langner, T., Bruns, D., & Kühn, J. (2013). Markenerlebnisse zum Aufbau von Markenliebe. *Marketing Review St. Gallen, 6*, 96–108.

Langner, T., Bruns, D., Fischer, A., & Rossiter, J. R. (2014). Falling in love with brands: A dynamic analysis of the trajectories of brand love. *Marketing Letters,* doi:10.1007/s11002-014-9283-4 (Online First 1–12).

Langner, T., Schmidt, J., & Fischer, A. (2015). Is it really love? A comparative investigation of the emotional nature of brand and interpersonal love. *Psychology & Marketing, 32*(6), 624–634.

LaTour, K. A., LaTour, M. S., & Zinkhan, G. M. (2010). Coke is it: How stories in childhood memories illuminate an icon. *Journal of Business Research, 63*(3), 328–336.

Le Goff, J. (1986). *Die Intellektuellen im Mittelalter*. München: DTV.

Lehr, A. (2015). Nein zu RB. http://www.nein-zu-rb.de/?page_id=53. Zugegriffen: 29. Mai 2015.

Levine, S. (2002). Why I appropriated. In *Appropriation Now! Texte zur Kunst (Heft 46)* (S. 84–85). Berlin: Texte zur Kunst Verlag.

Lévi-Strauss, C. (1968). *Das wilde Denken*. Frankfurt a. M.: Suhrkamp (Im Original erschienen 1967: *La pensée sauvage*. Paris: Plon).

Liebl, F., Düllo, T., & Kiel, M. (2005). Before and after situationism – before and after cultural studies: The secret history of cultural hacking. In T. Düllo & F. Liebl (Hrsg.), *Cultural Hacking. Kunst des Strategischen Handelns* (S. 13–46). Wien: Springer.

Loewel, V. (2006). Ein Leben für die Zigarre, Deutschlandfunk 2006. http://www.deutschlandfunk.de/ein-leben-fuer-die-zigarre.871.de.html?dram:article_id=125446. Zugegriffen: 13. Aug. 2015.

Luedicke, M. K. (2011). Consumers' controversies about consumption: A preliminary model. *Marketing ZFP, 33*(1), 46–56.

Luedicke, M. K., Thompson, C. J., & Giesler, M. (2010). Consumer identity work as moral protagonism: How myth and ideology animate a brand-mediated moral conflict. *Journal of Consumer Research, 36*(6), 1016–1032.

Luhmann, N. (1995). *Die Realität der Massenmedien* (2. Aufl., erw. Aufl). Opladen: Westdeutscher Verlag (1996).

Marquard, O. (1981). Vernunft als Grenzaktion. Zur Verwandlung der Vernunft durch die Theodizee. In H. Poser (Hrsg.), *Wandel des Vernunftbegriffs*. München: Alber.

McCracken, G. (1986). Culture and consumption: A theoretical account of the structure and movement of the cultural meaning of consumer goods. *Journal of Consumer Research, 13*(1), 71–84.

Mead, N., Baumeister, R., Stillman, T., Rawn, C., & Vohs, K. (2010). Social exclusion causes people to spend and consume strategically in the service of affiliation. *Journal of Consumer Research, 37*(5), 902–919.

Miller, D. (1998). *A theory of shopping*. Ithaca: Cornell University.

Miller, D. (2010). *Der Trost der Dinge*. Frankfurt a. M.: Suhrkamp.

Miller, D., & Woodward, S. (2012). *Blue jeans: The art of the ordinary*. Los Angeles: University of California.

Mühlbacher, H., Engl, C., & Hemetsberger, A. (2008). Marken als soziale Repräsentation. In H. Bauer, F. Huber & C. Albrecht (Hrsg.), *Erfolgsfaktoren der Markenführung – Knowhow aus Forschung und Management* (S. 313–327). München: Vahlen.

Muñiz, A. M., & O'Guinn, T. C. (2001). Brand community. *Journal of Consumer Research, 27*(4), 412–432.

Muschg, A. (1981). *Die Tücke des verbesserten Objekts*. Wald: Verlag Im Waldgut.

Neubacher, A. (2013). Der Nanny-Staat. *Der Spiegel, 33*, 28–33.

North, M. (2003). *Genuss und Glück des Lebens. Kulturkonsum im Zeitalter der Aufklärung*. Köln: Böhlau.

O'Donohoe, S. (2001). Living with ambivalence: Attitudes to advertising in postmodern times. *Marketing Theory, 1*(1), 91–108.

Pfaller, R. (2011). *Wofür es sich zu leben lohnt*. Frankfurt a. M.: S. Fischer.

Pinkstinks Germany e. V. (2015). Positionen. https://pinkstinks.de/wir/positionen/. Zugegriffen: 29. Mai 2015.

Pitt, L. F., Watson, R. T., Berthon, P., Wynn, D., & Zinkhan, G. (2006). The penguin's window: Corporate brands from an open-source perspective. *Journal of the Academy of Marketing Science, 34*(2), 115–127.

Primo, M. (2009). Sie zogen rauchend in den Kampf, Cigar Clan, 3. http://www.de.cigarclan.com/articles/2009/3/04/index.shtml. Zugegriffen: 13. Aug. 2015.

Reckwitz, A. (2002). The status of the ‚material' in theories of culture: From ‚social structure' to ‚artefacts'. *Journal for the Theory of Social Behavior, 32*(2), 195–217.

Richard, B., & Ruhl, A. (Hrsg.). (2008). *Konsumguerilla. Widerstand gegen Massenkultur?* Frankfurt a. M.: Campus.

Riesenbeck, H., & Perrey, J. (2004). *Mega-Macht Marke: Erfolg messen, machen, managen*. Heidelberg: McKinsey & Company bei Redline Wirtschaft.

Roberts, K. (2004). *Lovemarks: The future beyond brands*. New York: powerHouse books.

Rossiter, J. R. (2012). A new C-OAR-SE-based content-valid and predeictively valid measure that distinguishes brand love from brand liking. *Marketing Letters, 23,* 905–916.
Scales, R. H. (2004). Culture-Centric Warfare, US Naval Institute Proceedings, October 2004.
Schulz, J. (2014). Faktisch – praktisch – gut. Kulturkritik als Verbraucherschutz. In A. Galling-Stiehler, E. von Haebler, J. Schulz, & F. Hickmann (Hrsg.), *Als Ob. Produktive Fiktionen* (Bd. 44, Heft 162/163, S. 172–176). Berlin: Ästhetik und Kommunikation.
Schwend, J., & Böhnke, D. (Hrsg.) (2004) Consumption and consumer cultures. *Journal for the Study of British Cultures, 11*(2).
Shimp, T. A., & Madden, T. J. (1988). Consumer-object relations: A conceptual framework based analogously on Sternberg's triangular theory of love. *Advances in Consumer Research, 15,* 163–168.
Silverstone, R., Hirsch, E., & Morley, D. (1992). Information and communication technologies and the moral economy of the household. In R. Silverstone (Hrsg.), *Consuming technologies: Media and information in domestic spaces* (S. 15–31). London: Routledge.
Stüttgen, A. (1993). *Die Botschaft der Dinge. Ansätze neuer ganzheitlicher Welterfahrung.* München: Pfeil.
de Tarde, G. (1890). *Les lois de l'imitation.* Paris: Editions Kimé.
Thompson, J. W. (1937). *A primer of capitalism.* Durham: Duke University. J. Walter Thompson Archive, Hartman Center for Sales, Advertising & Marketing History.
Thompson, C. J., Rindfleisch, A., & Arsel, Z. (2006). Emotional branding and the strategic value of the doppelgänger brand image. *Journal of Marketing, 70*(1), 50–64.
Toffler, A., Longul, W., & Forbes, H. (1980). *The third wave.* New York: Morrow.
Ullrich, W. (2013). *Alles nur Konsum. Kritik der warenästhetischen Erziehung* (S. 107–125). Berlin: Verlag Klaus Wagenbach.
Vargo, S. L., & Lusch, R. F. (2004). Evolving to a new dominant logic for marketing. *Journal of Marketing, 68*(1), 1–17.
Vargo, S. L., & Lusch, R. F. (2008). Service-Dominant logic: Continuing the evolution. *Journal of the Academy of Marketing Science, 36*(1), 1–10.
Veblen, T. (1899). *The theory of the leisure class. An economic study of institutions.* New York: Macmillan.
Von Senger, H. (2011). *36 Strategeme: Lebens- und Überlebenslisten aus drei Jahrtausenden.* Frankfurt a. M.: Fischer Taschenbuch Verlag.

Weiterführende Literatur

Andriopoulos, C., & Gotsi, M. (2005). Probing the future: Mobilising foresight in multiple-product innovation firms. *Futures, 38,* 50–66.
Baker, W., & Inglehart, R. (2000). Modernization, cultural change, and the persistence of traditional values. *American Sociological Review, 65,* 1 (Thousand Oaks: Sage Publications).
Barck, K. (2010). Avantgarde. In K. von Barck, M. Fontius, D. Schlenstedt, B. Steinwachs, & F. Wolfzettel. (Hrsg.), *Ästhetische Grundbegriffe.* Stuttgart: Metzler.

Baumgärtel, T. (2003). Innovative Amateure an den Schnittstellen von Kunst und Medien. http://www.heise.de/tp/artikel/13/13975/1.html. Zugegriffen: 2. April 2015.

Benjamin, W. (1963). *Das Kunstwerk im Zeitalter seiner technischen Reproduzierbarkeit*. Frankfurt a. M.: Suhrkamp.

Berger, J., & Heath, C. (2007). Where consumers diverge from others: Identity signaling and product domains. *Journal of Consumer Research, 34*(2), 121–134.

Bourdieu, P. (1987). *Die feinen Unterschiede*. Berlin: Suhrkamp.

Brier, D. J. (2005). Marking the future: A review of time horizons. *Futures, 37,* 833–848.

Buss, E., Graw, I., & Krümmel, C. (2002). Vorwort. In *Appropriation Now! Texte zur Kunst* (46), 4–6. Berlin: Texte zur Kunst Verlag.

Cosight. (2010). www.cosight.com/cutting_edges_detector.html. Zugegriffen: 24. März 2010.

Dichter, E. (1960). *The strategy of desire*. Garden City: Doubleday.

Dodds, P. S. (2007). Influentials, networks, and public opinion formation. *Journal of Consumer Research, 34,* 441–458 (University of Chicago Press).

Eisenberg, I. (2011). Lead-user research for breakthrough innovation. *Research-Technology Management, 54*(1), 50–58.

Föll, K. (2007). *Consumer insight. Emotionspsychologische Fundierung und praktische Anleitung zur Kommunikationsentwicklung*. Wiesbaden: Deutscher Universitäts-Verlag.

Gladwell, M. (2002). *Tipping point. Wie kleine Dinge Großes bewirken können*. München: Goldmann.

Gloor, P., & Cooper, S. (2007). *Coolhunting. Chasing down the next big thing*. New York: Amacom.

Groys, B. (1992). *Über das Neue: Versuch einer Kulturökonomie*. München: Hanser.

Gruner, K., & Homburg, C. (2000). Does customer interaction enhance new product performance? *Journal of Business Research, 49*(1), 1–14.

Heckhausen, H., & Heckhausen, J. (2009). *Motivation und Handeln*. Berlin: Springer.

Heller, E. (1984). *Wie Werbung wirkt: Theorien und Tatsachen*. Frankfurt a. M.: Fischer.

von Hippel, E. (2006). *Democratizing Innovation*. Cambridge: MIT Press.

von Hippel, E., Franke, N., & Prügl, R. (2009). Pyramiding: Efficient search for rare subjects. *Research Policy, 38,* 1397–1406.

Hoffman, D. L., Kopalle, P. K., & Novak, T. P. (2010). The „right" consumers for better concepts: Identifying consumers high in emergent nature to develop new product concepts. *Journal of Marketing Research, XLVII,* 854–865.

Hofmann, R. (2010). Mit wem reden? Das Trend Receiver Konzept. *GDI Impuls Nr. 04.* (S. 76–80). Rüschlikon: Gottlieb Duttweiler Institut.

Hofmann, R. (2011a). *Trend Receiver – qualifizierte Visionskraft. Kriterien und Vorgehensweisen der Befragtenauswahl und Dialoggestaltung bei Studien zu zukünftigen Konzepten am Beispiel der AUDI AG*. Göttingen: Cuvillier.

Hofmann, R. (2011b). Qualifizierte Visionskraft durch Trend Receiver. Neues Konzept der Befragtenauswahl bei Studien zu zukünftigen Kundenerwartungen. *Planung und Analyse, 3,* 20–24 (Frankfurt a. M.).

Kant, I. (1963). G. von Lehmann (Hrsg.), *Kritik der Urteilskraft*. Stuttgart, Reclam.

Karmasin, H. (2004). *Produkte als Botschaften*. Frankfurt a. M.: Ueberreuter.

Keller, E, & Berry, J. (2003). *The influentials: One American in ten tells the other nine how to vote, where to eat, and what to buy*. New York: Free Press.

Kroeber-Riel, W., & Weinberg, P. (1992). *Konsumentenverhalten*. München: Franz Vahlen.

Kulenkampff, J. 1978. *Kants Logik des ästhetischen Urteils*. Frankfurt a. M: Vittorio Klostermann.

Liebl, F. (2000). *Der Schock des Neuen: Entstehung und Management von Issues und Trends*. München: Gerling-Akademie-Verlag.

Liebl, F., & Schwarz, J. O. (2010). Normality of the future: Trend diagnosis for strategic foresight, futures. *Futures, 42*, 313–327.

Lilien, G., Morrison, P., Searls, K., Sonnack, M., & von Hippel, E. (2002). Performance assessment of the lead user idea generation process for new product development. *Management Science, 48*(8), 1042–1059.

Marcuse, H. (1998). *Der eindimensionale Mensch*. Frankfurt a. M.: Deutscher Taschenbuchverlag (Im Original erschienen 1964: *One-dimensional man*. Boston: Beacon Press).

Marquard, O. (1979). Identität: Schwundtelos und Mini-Essenz – Bemerkungen zu einer Genealogie einer aktuellen Diskussion. In O. Marquard & K. Stierle (Hrsg.), *Poetik und Hermeneutik VIII. Identität* (S. 347–369). München: Fink.

Meyer, M., & Reutterer, Th. (2009). Sampling-Methoden in der Marktforschung. In R. Buber & H. H. Holzmüller (Hrsg.), *Qualitative Marktforschung. Konzepte – Methoden – Analysen*. Wiesbaden: Gabler/GWV Fachverlage.

Ozer, M. (2009). The roles of product lead-users and product experts in new product evaluation. *Research Policy, 38*, 1340–1349.

Packard, V. (1957). *The hidden persuaders*. New York: David McKay.

Pettauer, R. (2006). Geistiges Eigentum rekombinieren. http://www.heise.de/tp/artikel/24/24034/1.html. Zugegriffen: 10. April 2015.

Pichler, M. (2009). Statements on Appropriation. www.ubu.com/papers/pichler_appropriation.html. Zugegriffen: 7. April 2015.

Poetz, M. K., & Prügl, R. (2010). Crossing domain-specific boundaries in search of innovation: Exploring the potential of pyramiding. *Journal of Product Innovation Management, 27*, 897–914.

Prügl, R. (2006). Die Identifikation von Personen mit besonderen Merkmalen: Eine empirische Analyse zur Effizienz der Suchmethode Pyramiding. (Dissertation) Institut für Entrepreneurship und Innovation, Wirtschaftsuniversität Wien.

Reil, H. (2013). Trend Receiver. *Audi Encounter Magazine*, 42–49.

Rogers, E. (2003). *Diffusion of innovations*. New York: Free Press.

Rohrbeck, R. (2012). Exploring value creation from corporate-foresight activities. *Futures, 44*, 440–452.

Rohrbeck, R., & Gemünden, H. G. (2011). Corporate foresight: Its three roles in enhancing the innovation capacity of a firm. *Technological Forecasting and Social Change, 78*, 231–243.

Schreier, M. (2007). Qualitative Stichprobenkonzepte. In G. Naderer & E. Balzer (Hrsg.), *Qualitative Marktforschung in Theorie und Praxis. Grundlagen, Methoden, Anwendungen*. Wiesbaden: Gabler/GWV Fachverlage.

Schuhmacher, M. C., & Kuester, S. (2012). Identification of lead user characteristics driving the quality of service innovation ideas. *Creativity and Innovation Management, 21*(4), 427–442.

Schulz, T. (2014). Larry und die Mondfahrer. *Der Spiegel, 10*, 58–67.

Sigma Milieus. (2013). http://www.sigma-online.com/de/SIGMA_Milieus. Zugegriffen: 7. Juli 2013.

Sociovision Sinus. (2013). http://www.sinus-institut.de. Zugegriffen: 7. Juli 2013.

Tucholsky, K. (1929). Schwarz auf Weiss. In M. von Gerold-Tucholsky & F. Raddatz (Hrsg.), *Gesammelte Werke in 10 Bänden* (Bd. 7, S. 49). Reinbek: Rowohlt (1975).

Ullrich, W. (2006). *Haben Wollen. Wie funktioniert die Konsumkultur?* Frankfurt a. M.: S. Fischer.

Ullrich, W. (2013). *Alles nur Konsum: Kritik der warenästhetischen Erziehung*. Berlin: Wagenbach.

Vernette, E., & Hamdi-Kidar, L. (2013). Co-creation with consumers: Who has the competence and wants to cooperate? *International Journal of Research in Marketing, 55*(4), 539–561.

Zandl, I., & Leonard, R. (1992). *Targeting the trendsetting consumer. How to market your product or service to influential buyers*. Homewood: Business One Irwin.

Zuschlag, C. (2012). Die Kopie ist das Original – Über Appropriation Art. In A. Mensger (Hrsg.), *Déjà-vu? Die Kunst der Wiederholung von Dürer bis YouTube* (S. 126–135). Bielefeld: Kerber-Verlag.

Prof. Dr. Hans-Peter Hahn ist Direktor des Ethnologischen Instituts der Johann Wolfgang Goethe-Universität Frankfurt am Main. Sein Forschungsschwerpunkt ist West Afrika. Neben der regionalen Spezialisierung (Togo, Ghana und Burkina Faso) sind seine Themen Materielle Kultur und der Einfluss der Globalisierung auf Konsum und Sachbesitz. Er ist Autor einer Einführung zur materiellen Kultur (www.materielle-kultur.de) sowie zahlreicher Aufsatzbeiträge zu Konsum und Wandel des Sachbesitzes im Kontext der Globalisierung, unter anderem über Mobiltelefone in Afrika. Hans Peter Hahn ist stellvertretender Vorsitzender der Deutschen Gesellschaft für Völkerkunde.

Dr. Manfred Luckas studierte Germanistik, Geschichte und Politik. Promotion in Köln, Berlin und Gainesville/ University of Florida zum Thema So lange du stehen kannst, wirst du kämpfen – Die Mythen des Boxens und ihre literarische Inszenierung. Seit vielen Jahren arbeitet er als freier Lektor und Autor, Texter und Konzeptioner u. a. für WDR, Goethe-Institut, den Wirtschafts- und Markenverlag Deutsche Standards Editionen sowie diverse Agenturen und Unternehmen. Themenschwerpunkte sind die Schnittstellen von Kultur und Wirtschaft bzw. Kultur und Sport. Er ist außerdem Vorsitzender des Freien Deutschen Autorenverbands NRW.

3 Marke neu denken: Vom Leuchtturm zum Lagerfeuer

Prof. Dr. Jürgen Schulz lehrt Strategische Kommunikationsplanung im Studiengang Gesellschafts- und Wirtschaftskommunikation an der Universität der Künste Berlin. Seine Forschungsschwerpunkte im Bereich der Organisations- und Werbekommunikation sind: Organisation und Entscheidung der Werbung, Risiko- und Krisenkommunikation, Repräsentation und Führungskräftekommunikation, Alsobs und produktive Fiktionen.

Dipl.-Komm.-Wirt. Robert Caspar Müller ist wissenschaftlicher Mitarbeiter der Forschungsstelle Savonarola an der Universität der Künste Berlin. Davor war er u. a. beim Agenturnetzwerk TBWA für Marken wie Apple, Adidas und Merck international tätig, zuletzt Director Brand Planning für die Qatar Foundation in Doha. Forschungsschwerpunkte: Subversiver Konsum und Waren(an)ästhetik, Konsumentenbilder als produktive Fiktionen.

Prof. Dr. Wolfgang Ullrich ist Kulturwissenschaftler. Er war von 2006 bis 2015 Professor für Kunstwissenschaft an der Staatlichen Hochschule für Gestaltung Karlsruhe. Heute arbeitet und lebt als freier Autor in Leipzig und München.

Er publiziert zur Geschichte und Kritik des Kunstbegriffs, zu bildsoziologischen Fragen sowie zur Konsumtheorie. Folgende Bücher zum Thema ‚Konsum' sind von ihm erschienen:

1) Habenwollen. Wie funktioniert die Konsumkultur?, Frankfurt/Main 2006;

2) Wohlstandsphänomene. Eine Beispielsammlung, Hamburg 2010;

3) Alles nur Konsum. Kritik der warenästhetischen Erziehung, Berlin 2013.

Prof. Dr. Tobias Langner ist Inhaber des Lehrstuhls für Betriebswirtschaftslehre, insbesondere Marketing an der Schumpeter School of Business and Economics der Bergischen Universität Wuppertal. Er verfügt über mehr als 20 Jahre Erfahrung in Praxis und Wissenschaft der Markenführung. Langner ist seit 2010 Board Member der European Advertising Academy und war von 2008 bis 2012 Vize-Präsident der Deutschen Werbewissenschaftlichen Gesellschaft. Er ist Mitglied mehrerer Herausgeberbeiräte (z. B. Journal of Advertising) sowie Mitherausgeber zahlreicher Bücher und Buchreihen. Langner hat über 100 Forschungs- und Praxisarbeiten veröffentlicht. Seine Arbeiten erschienen u. a. im Journal of Business Research, in Marketing Letters, in Psychology & Marketing und im International Journal of Advertising. Für seine Forschungsarbeiten wurde er mehrfach ausgezeichnet.

Malte Christ studierte Betriebswirtschaftslehre an der Berufsakademie Mannheim und International Marketing an der Fachhochschule Gießen sowie der Victoria University in Melbourne. Anschließend war er als Berater in Markenprojekten bei MPC Marketing Partner und bei Esch. The Brand Consultants unter der Leitung von Professor Dr. Franz-Rudolf Esch tätig. Er arbeitet als wissenschaftlicher Mitarbeiter am Lehrstuhl für Marketing von Professor Dr. Tobias Langner an der Bergischen Universität Wuppertal. Dort beschäftigt er sich im Rahmen seiner Dissertation mit dem Thema Markenliebe bei Senioren.

Jun.-Prof. Dr. Alexander Fischer studierte Betriebswirtschaftslehre an der Justus-Liebig-Universität Gießen. Anschließend war er Projektmitarbeiter am Institut für Marken- und Kommunikationsforschung e. V. unter der Leitung von Professor Dr. Franz-Rudolf Esch. Er promovierte am Lehrstuhl für Marketing von Professor Dr. Tobias Langner an der Bergischen Universität Wuppertal zum Thema motorische Markenhandlungen. Seit 2010 ist Dr. Alexander Fischer Juniorprofessor für Marketing an der Schumpeter School of Business and Economics der Bergischen Universität Wuppertal.

Dipl.-Ök. Daniel Bruns studierte Wirtschaftswissenschaften an der Schumpeter School of Business and Economics, Bergische Universität Wuppertal. Er ist wissenschaftlicher Mitarbeiter am Lehrstuhl für Marketing von Professor Dr. Tobias Langner an der Bergischen Universität Wuppertal und promoviert zu dem Thema: Die Entwicklung emotionaler Markenbeziehungen: Wirkungen von Erlebnissen auf die Entstehung von Markenmögen und Markenliebe.

Dr. Rupert Hofmann (* 1977 in München) ist für Audi im Bereich Trendforschung tätig. Er studierte an der Akademie der Bildenden Künste in München, sowie an der Universität Passau, der Columbia University in New York City und der Universidade Federal de Juiz de Fora, Brasilien. In seiner Dissertation zum Thema „Trend Receiver – qualifizierte Visionskraft. Kriterien und Vorgehensweisen der Befragtenauswahl und Dialoggestaltung bei Studien zu zukünftigen Konzepten am Beispiel der AUDI AG" entwickelte er eine qualitative Methode zur Erforschung von Trends und Potenzialen neuer Märkte und Angebote. Rupert Hofmanns Interesse an Motiven, Verhaltensweisen und Konsumkultur prägt auch seine beobachtenden Zeichnungen, die in Kaufhäusern, Läden, Wohn- und Büroräumen, Straßensituationen, Bars und Cafés entstehen.

Prof. Dr. habil. Jan Drengner promovierte und habilitierte sich an der Professur für Marketing und Handelsbetriebslehre an der TU Chemnitz. Er lehrt und forscht am Fachbereich Touristik/Verkehrswesen der Hochschule Worms, wo er die Professur für Dienstleistungsmanagement und -marketing, insb. Events innehat. Seine Forschungsschwerpunkte liegen in der Markenkommunikation (insb. Eventmarketing), dem Veranstaltungsmarketing, der Konsumentenverhaltensforschung sowie der Marketingtheorie.

Resümee und Ausblick

Erich Posselt

Marken sind eigenständige Wesen mit einer höchst vitalen Identität und ausdrucksstarken Persönlichkeit. Ihr klar erkennbares Anderssein, ihre unverwechselbaren Werte, Haltungen und Leistungen müssen erkannt, entwickelt und gepflegt werden. Das profiliert sie gegenüber der Konkurrenz und sichert nachweisbaren wirtschaftlichen Erfolg. Die aktuellen Erfolgskonzepte müssen vor dem Hintergrund des technischen und sozialen Wandels hinterfragt, weiterentwickelt oder neu gedacht werden. Das gilt für das Wirtschaftssystem genauso wie für die Markenführung.

Im Vergleich zu Biologie, Physik oder Chemie sind die Betriebswirtschaft im Allgemeinen und die Markentechnik im Besonderen sehr junge Disziplinen. Der Markentheoretiker Philipp Steiff bemerkte in einem persönlichen Gespräch dazu, dass die Entwicklung der oben genannten Disziplinen auf gesichertem Wissen basiere. Das Periodensystem der Chemie stelle alle chemischen Elemente mit steigender Kernladung und entsprechend ihren chemischen Eigenschaften dar. Die Physik beschreibe die Grundlagen der Mechanik mit Hilfe von Hebel, Rolle, Seil und schiefer Ebene. Darauf basierten alle weiteren Explorationen der Fachgebiete. Ein derart gesichertes Wissen fehle der Markentechnik. Der 2013 verstorbene Peter Zernisch forderte daher nach mehr als 50 Berufsjahren als Markenberater eine Markenreform. Auf dem Forum Markentechnik im Jahr 2012 beschrieb er die Erfolgsbedingungen dieser Reform wie folgt: Eindeutige Begriffe (Begriffsentwirrung), Marke mit soziokultureller Bedeutung (Sinnverpflichtung) sowie Marke als Gemeinschaft aus Unternehmen, Konsumenten und Öffentlichkeit (Humanisierung).

E. Posselt (✉)
Erich Posselt Brand Coach, Frankfurt am Main, Deutschland
E-Mail: erichposselt@brandcoach.com

© Springer Fachmedien Wiesbaden 2016
E. Posselt (Hrsg.), *Marke neu denken,* DOI 10.1007/978-3-658-11095-6_4

Die Unterscheidung von Markenzeichen, Markenprodukten, Markenimages und Marken ist Grundvoraussetzung für ein strukturiertes Markenmanagement. Sind Zeichen und Produkte noch leicht zu definieren, streiten die Markenexperten bereits über Abgrenzungen von Marke und Image. Es gibt inzwischen unzählige Definitionen von Marke. Wir meinen, Marke ist die Verhandlung zwischen Unternehmenswillen und öffentlicher Meinung. Die Begriffe unterscheiden eindeutig und sind handlungsverbindlich nach Entstehung, Verfügbarkeit, Dauerhaftigkeit und Eigentumsverhältnis getrennt. Sie beschreiben einen gegenseitigen Prozess, der ein strukturiertes Markenmanagement möglich macht.

Marke lediglich unter dem Aspekt des Preispremiums zu betrachten, reicht in diesem gegenseitigen Prozess nicht aus. Die neue Währung heißt deshalb nicht mehr Gewinn, sondern Sinn. Es bedarf eines Richtungswechsels von der zweckgerichteten Markennutzung hin zu einer sinnvollen Markenentwicklung. An die Stelle der meinungshörigen Markennutzung tritt somit die sinnkundige Markenvertretung. Das Markenmanagement ist in der Lage, das kulturelle Kapital zu erkennen und einzusetzen.

Durch den Vorgang des Nachvollziehens, des Nach-Fühlens und des Nach-Denkens der Konsumkultur entsteht ein Positionswechsel. Aus dem spekulativen Marketingmanager wird ein solidarischer Communitymanager. Er kennt die wahrhaften Bedürfnisse der Community und handelt entsprechend. Dieser mentale Übertritt in die Gefolgschaft seiner Marke und die Akzeptanz der Verhandlung ihrer Spielräume ermöglichen es dem Markenmanager, die Autoritätswerte der Marke sensibel, fest und damit effizient anzuwenden.

Begriffsentwirrung, Sinnverpflichtung und Humanisierung sind also die drei Forderungen, die an das moderne Markenmanagement gestellt werden müssen. Nur wenn diese Reform auf Unternehmensebene vollzogen wird, gelingt das gleichberechtigte Management von Wertschöpfung und Wertschätzung. In der Konsequenz führt das zu einer reichhaltigen Bedeutung und erweiterten Verantwortung von Marken in der Konsumkultur.

4 Resümee und Ausblick

Erich Posselt hat die Marke zum zentralen Thema seiner Arbeit gemacht. Er beobachtet, berät, lehrt und lernt Marke. Er packt im Unternehmen dort an wo Marke verstanden und behandelt werden will. Dabei hält er sich von allzu engen Schubladen fern, forscht nach den immanenten Wertvorstellungen einer Marke und überführt sie in eine präzise, zeitgemäße und situative Interpretation. Sein Wissen bezieht er aus fundierten theoretischen und praktischen Kenntnissen. Seine Studien führten ihn von der Betriebswirtschaft, dem Marketing und Vertrieb über die Kommunikation hin zur direkten menschlichen Interaktion im Coaching. Seit mehr als 15 Jahren berät und unterstützt er nationale und internationale Unternehmen in Fragen der Markenführung, der Kommunikation sowie der Design-Strategie.

The manufacturer's authorised representative in the EU is Springer Nature Customer Service Centre GmbH, Europaplatz 3, 69115 Heidelberg, Germany. If you have any concerns regarding our products, please contact ProductSafety@springernature.com

Printed and bound by CPI Group (UK) Ltd, Croydon, CR0 4YY
23/03/2026
02076462-0004